안녕,
내 이름은
페미니즘이야

강남순 선생님의 페미니즘 이야기
안녕, 내 이름은 페미니즘이야

ⓒ강남순, 2018

초판 1쇄 펴낸날 2018년 10월 5일
초판 3쇄 펴낸날 2020년 7월 20일

지은이 강남순
그린이 백두리 허지영
펴낸이 이건복
펴낸곳 도서출판 동녘

등록 제311-1980-01호 1980년 3월 25일
주소 (10881) 경기도 파주시 회동길 77-26
전화 영업 031-955-3000 편집 031-955-3005 **전송** 031-955-3009
블로그 www.dongnyok.com **전자우편** editor@dongnyok.com
인쇄·제본 영신사 **종이** 한서지업사

ISBN 978-89-7297-923-4 (73330)

- 잘못 만들어진 책은 바꿔 드립니다.
- 책값은 뒤표지에 쓰여 있습니다.
- 이 도서의 국립중앙도서관 출판시도서목록(CIP)은 e-CIP홈페이지(http://www.nl.go.kr/ecip)와 국가자료공동목록시스템(http://www.nl.go.kr/kolisnet)에서 이용하실 수 있습니다. (CIP제어번호: CIP2018026242)

강남순 글 | 백두리, 허지영 그림

안녕, 내 이름은 페미니즘이야

강남순 선생님의 페미니즘 이야기

동녘주니어

강남순 선생님은 누구인가요?

  사람을 소개하는 것은 참 어려워요. 아마 자기 자신을 소개하는 것이 제일 어려운 일인지도 몰라요.

  물론 인터넷에서 쉽게 찾을 수도 있겠지만 어느 학교를 나오고, 무슨 책을 쓰고, 지금 어디에서 무엇을 하는가와 같은 것 빼고는 실제로 그 사람이 어떤 사람인지 알기가 무척 어려워요. 자, 그러니 여러분이 인터넷에서 찾지 못하는 것으로 선생님 소개를 해 볼게요.

  선생님은 초등학교 때 장래희망을 써 내라고 하면 두 가지를 써

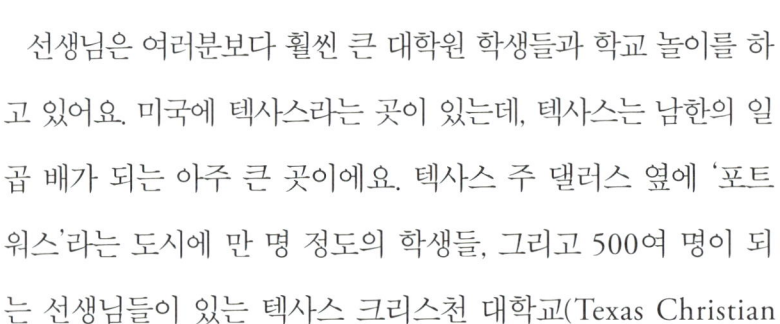

서 내곤 했어요. 피아니스트와 발레리나. 이유를 적는 칸에는 "아픈 사람들을 즐겁게 해 주고 싶어서"라고 썼어요. 선생님은 어렸을 때 많이 아프곤 했어요. 그런데 아플 때는 무척 외로워요. 그 누구도 나 대신 아파 줄 수 없으니 말이에요. 그래서 그렇게 아픈 사람들에게 피아노를 쳐 주고, 발레를 해서 그 사람들을 웃게 해 주고 싶었나 봐요. 초등학교 때 친구들과 놀기 좋아하던 것은 '학교 놀이'였어요. 아마 그때 제일 재미있다고 생각하며 놀던 것이어서인지, 지금도 학교 놀이를 하고 있어요.

 선생님은 여러분보다 훨씬 큰 대학원 학생들과 학교 놀이를 하고 있어요. 미국에 텍사스라는 곳이 있는데, 텍사스는 남한의 일곱 배가 되는 아주 큰 곳이에요. 텍사스 주 댈러스 옆에 '포트워스'라는 도시에 만 명 정도의 학생들, 그리고 500여 명이 되는 선생님들이 있는 텍사스 크리스천 대학교(Texas Christian

University)가 있어요. 그곳의 브라이트 신학대학원(Brite Divinity School)에서 선생님으로 일하고 있어요. 꿈도 한국말과 영어로 꾸고, 학생들 가르치고 글 쓰는 것도 두 나라 말로 해요.

지금도 피아노는 아주 소중한 친구예요. 오랫동안 집을 떠나면 집에 있는 피아노가 그립답니다. 선생님은 어쩌다 보니 한국, 독일, 미국, 영국 이렇게 네 개의 나라에서 살아 보았어요. 여러 나라에 살면서 확실하게 배운 것은 피부색이 달라도 모두가 '사람'이라는 사실이에요. 이 세상에 사는 이들 모두가 '사람'으로 평등하게 살아야 한다는 생각을 하면서, 페미니즘에 관심을 갖게 된 것 같아요.

글은 그 사람의 독특한 소리를 담고 있어요. 사람의 목소리처럼, 글에도 '글소리'가 있답니다. 이 작은 책에서 선생님의 '글소리'를 듣고, 선생님에 대해 더 많이 알게 되면 좋겠어요!

강남순 선생님의 편지

페미니즘을
왜 알아야 하나요?

  이 책에 나오는 나미는 여자, 재원이는 남자예요. 흔히 남자와 여자는 친구가 되기 힘들다고 하지요. 그런데 나미와 재원이는 무척 친한 친구예요. 친한 친구란 무엇일까요? 놀이터에서 같이 놀고 분식집에 가서 떡볶이 같이 먹으면 친한 친구가 되는 걸까요? 물론 함께 놀고 먹는 것은 즐거운 일이에요. 그런데 그게 전부는 아니지요. 친한 친구는 함께 놀고 먹는 것도 나누지만, 무엇보다도 속상한 일, 슬픈 일, 신나는 일 등 느끼고 경험하는 것을 함께 나눌 수 있는 친구가 아닐까요? 힘들 때 함께 있어 주고, 등을 토닥여 주는 바로 그런 사이 말이에요.

나미와 재원이는 물론 생김새도 다르고, 좋아하는 과목도 다르고, 성격도 달라요. 그런데 이 두 친구가 가지고 있는 공통점이 있어요. 그것은 바로 호기심이 많다는 거예요. 알고 싶은 것이 있으면 포기하지 않지요. 서로에게 묻기도 하고 선생님께도 물어서 서로가 모르는 것을 함께 배우면서 아름답게 우정을 키워 나가요.

'에피큐러스(Epicurus)'라는 그리스 철학자는 좋은 친구와의 우정이 우리가 행복한 삶을 사는 데 아주 중요한 것 중의 하나라고 이야기했어요. 진정한 우정은 서로를 믿는 마음이 토대가 돼요. 재원이와 나미가 나누는 우정은 이 세상을 살아가면서 부딪히는 여러 가지 문제들을 함께 나누고, 고민하고, 배우는 과정에서 만들어지고 아름답게 커 가요.

나미와 재원이는 '여자로만' 또는 '남자로만'이 아니라, 서로 각기 다른 성격과 취향을 가진 한 '사람'이라는 것을 즐겁게 인정하고 받아들인답니다. 그러다 보니 주변에서 일어나고 있는 일들을 보면서, 궁금증이 생기면 서로에게 묻지요. 이 책에서 재원이와 나미는 남자와 여자 사이에 일어나는 일, 텔레비전에 나오지만 어른들이 잘 이야기해 주지 않는 일 등 페미니즘과 관련된 이야기들을 나눠요.

그런데 페미니즘을 배우는 것이 왜 중요하냐고요? 페미니즘은 여자와 남자를 차별하는 것이 나쁘니 차별하지 말고 평등하게 대해야 한다고 전하는 거예요. 나미와 재원이가 살아가는 세상에서 나미가 여자이기 때문에, 재원이가 남자라는 것 때문에 하고 싶은 일이 제한되면 사는 게 참 재미없고 힘들 거예요. 무수한 '나미들'과 '재원이들'이 모두 소중한 '사람'으로 평등하고 자유롭게 사는 멋진 세상을 만들어야 하겠지요. 페미니즘은 바로 이렇게 모든 사람이 행복하게 살 수 있는 세상을 만들기 위해서 알고 노력하자는 것이랍니다. 여자와 남자만이 아니라, 피부색이 다른 사람, 종교가 다른 사람, 장애가 있는 사람, 또는 살아가는 방식이 다른 사람 등 이 모든 사람이 평등한 세상을 만들고 싶다는 것이 페미니즘이에요. 우리 모두 신나게 페미니즘을 배워서, 지금보다 더 멋진 세상을 만들도록 해요.

2018년 8월 3일,
미국 텍사스에서
강남순 선생님

 차례

강남순 선생님은 누구인가요? _5
강남순 선생님의 편지 _8

1장
근데, 페미니즘이 뭐예요? _15

생각 나누기 여자만 위한 게 아니라고요?

2장
페미니스트는 누구예요? _27

생각 나누기 페미니스트는 여자만인가요?

3장
여성의 권리 운동이 뭐예요? _37

생각 나누기 왜 여자와 노예에게 투표권이 없었죠?

4장
차별에는 두 가지 얼굴이 있다고요? _47

생각 나누기 왜 사람들은 서로를 구분 짓는 걸까요?

 **5장** 미투 운동이 뭐예요? _69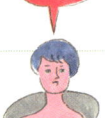

생각 나누기 왜 나쁜 일을 숨겨야만 했을까요?

 **6장** 여성 혐오는 무엇이고, 왜 일어나는 거예요? _89

생각 나누기 여자들이 정말로 못된 짓을 했나요?

 **7장** '젠더'라는 말, 무슨 뜻이에요? _109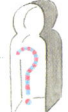

생각 나누기 '성별'과 다른 의미인가요?

 **8장** 양성평등과 성평등은 다른가요? _129

생각 나누기 왜 '성평등'이라는 말을 꺼리는 거죠?

 **9장** 여자와 남자는 달라야 하나요? _137

생각 나누기 서로 다른 것을, 왜 존중하지 않을까요?

기억하면 좋은 열다섯 가지 용어들 _164

1장
근데, 페미니즘이 뭐예요?

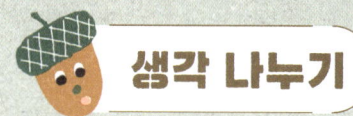 생각 나누기

여자만 위한 게 아니라고요?

페미니즘은 "여자와 남자가 어떻게 하면 평등하게 살아갈 수 있을까?" 하는 고민에서 출발해요. 여자만 알거나, 여자만을 위한 것은 더더욱 아니에요. 여자와 남자뿐 아니라 다른 여러 가지 문제와 촘촘하게 연결되어 있답니다. 차별과 편견 없이 서로 존중하고 배려하는 세상을 꿈꾸기 때문이에요.

나미와 재원이는 어릴 적부터 같은 동네에 살고 있는 친구 사이예요. 같은 초등학교에 다니면서 친하게 지내지요. 둘은 늘 함께 학교를 가고 집으로 오곤 해요. 어느 날 학교 가는 길에 재원이가 말했어요.

"나미야, 사람들이 요즘 '페미니즘'이 나쁘다 좋다, 뭐 이런 얘기를 많이 해. 근데 너는 페미니즘이 뭔지 알아?"

"글쎄…… 나도 잘 모르겠어, 재원아. 근데 나는 발음하기가 어려워. 자꾸 '페니미즘'이라고 말하게 되더라고."

"어, 나도 그럴 때가 많은데. 나만 그런 게 아니구나. 우리 페미니즘이 뭔지 선생님께 물어보자, 나미야."

오늘 재원이와 나미가 페미니즘에 대해 질문을 했어요. 사람들이 이야기하는 것을 들으면서 '그런 건 어른들만의 일이지 우리와는 상관없어.'라고 생각하지 않고, 궁금증을 가지고 이렇게 질문하는 자세는 참 좋아요. 우리 주변에서 일어나는 일에 궁금증이 전혀 없으면, 결국 우리가 사는 세상을 다른 사람들이 이끄는 대로만 살겠다고 하는 것과 마찬가지거든요. 어른이든 아이이든 우리 모두는 이 세상의 주인이라는 생각을 갖고 살아야 하지 않을까요?

그런데, 여러분은 '페미니즘'이라는 말을 이전에 들어 본 적이 있나요? 아마 처음인 사람도 많겠지요? 페미니즘(feminism)은 영어 단어를 한글로 번역하지 않고, 영어 발음을 소리 나는 그대로 적은 말이에요. 어떤 사람들은 '여성주의'라고 번역하기도 하는데 '여성주의'라고 하면 페미니즘에 대해 여러 가지 오해를 할 수 있을 것 같아요. 예를 들어 페미니즘은 여자만 관심 갖는 것이라든지 또는 여자들이 자기들만 옳다고 하면서 남자들을 싫어하는 거라고 오해를 하는 사람들이 가끔 있어요. 또는 불평 많은 여자들만 하는 거라고 하면서, 페미니즘을 하면 집안도 망가진다고 하지요. '암탉이 울면 집안이 망한다.'는 속담을 끌어들이면서, 여자들이 말을 많이 하면 집안이 망한다고 하는 거예요. 페미니즘을 '여성주의'라고 하면, 마치 여자들만 관심을 두어야 하는 것이고 남자들은 알 필요가 없다고 생각하게 만들 수 있어요.

페미니즘은 여자만 알아야 하는 것이 아니에요. 여자를 '위해서' 해 주는 것은 더더욱 아니고요. 페미니즘은 여자와 남자가 어떻게 하면 평등할 수 있을까 하는 문제에서 출발해요. 그리고 남자와 여자 문제만이 아니라 여러 가지 문제와 연결되어 있어요. 사람은 여자와 남자라는 차이만 있는 것이 아니거든요. 사람들은 인종 · 생김새 · 성적 지향 · 장애 · 경제적 상태 · 종교 · 학력 등 저마다 서로 다른 다양한 차이들이 있어요. 그 어떤 이유에서도 모든 사람은 나와 다른 누구를 차별하거나, 남으로부터 차별당

해서는 안 되고 모두가 존중받는 평등한 세상이 되어야 한다는 주장이 바로 페미니즘이에요.

그래서 페미니즘을 번역하지 않고 소리 나는 대로 적어서 '페미니즘'이라고 부르는 것이 낫다고 생각해요. 마치 '컴퓨터'가 영어에서 나온 것이지만, 번역하면 너무 복잡하니까 소리 나는 대로 그대로 적어 쓰는 것과 마찬가지예요. 처음에는 읽기가 어색하겠지만, 이제는 컴퓨터를 모르는 사람이 없는 것처럼, 앞으로는 친구들에게 페미니즘이라는 말과 페미니즘에 대하여 듣거나 읽은 것들도 알려 주면 좋겠어요.

그런데 도대체 페미니즘이라는 말은 어디에서 나왔을까요? 페미니즘이라는 말은 'féminisme'이라는 프랑스 말로 19세기에 처음 등장했어요. 이 말이 영어로 페미니즘(feminism)이 된 것이지요. 사실 페미니즘이 주장하는 여자와 남자의 평등에 관해 사람

들이 정식으로 말하기 시작한 건 그보다 훨씬 전이에요. 18세기 유럽에서 '여성의 권리(women's rights)'라는 표현으로 등장했어요.

성평등 수준을 보여 주는 〈세계 젠더 격차 보고서〉의 2017년도 발표를 보니 한국이 세계 144개국 중에서 118위를 했더군요. 아직 우리나라가 여성의 권리를 자연스레 받아들이는 데 부족함이 많고, 모든 이가 평등하지 못한 채 살아간다는 것의 증명인 셈이지요. 페미니즘은 남자와 여자의 평등에 관해 집중하는 이론이자 운동이에요. 뜻이 맞는 사람들이 하나둘 모여 좀 더 많은 사람들, 그리고 사회가 더 나은 방향으로 나아갈 수 있도록 실천하는 것이지요.

페미니즘은 우리가 살아가는 모든 영역의 문제를 다루기 때문에 사실 컴퓨터처럼 아주 복잡해요. 그렇지만 컴퓨터처럼, 페미니즘도 조금씩 배우기 시작하면 아는 만큼 재미있어진답니다.

요즈음 컴퓨터를 모르면 불편한 점이 많은 것처럼, 페미니즘을 모르면 우리가 사는 세상에 있는 많은 문제를 해결하기가 참 어려워요. 그만큼 중요한 것이지요.

페미니즘은 우리 역사에서 가장 커다란 사건이라고 할 수 있어요. 왜냐고요? 이 세상은 반은 남자, 반은 여자로 이루어져 있어요. 그러니까 이제까지 아무 말 하지 않고 있어 왔던 여자들이 자기 목소리를 내기 시작한 것은 이 세상의 절반이 넘는 사람들에게 모두 해당되는 문제이지요. 페미니즘이 나오기 전까지 여자들은 자신이 누구이며, 무엇을 하기 원하며, 어떤 점이 문제인지를 스스로 밝힌 적이 없어요. 거의 모든 종류의 책에서 여자들에 관한 이야기는 여자 자신이 아닌 남자들이 써 내려간 것이었지요. 그래서 남자들만 '말하는 사람'이 되었고, 여자들은 남자들에 의해서 '말해지는 사람'이었어요.

 이야기가 조금 어렵지요? 차근차근 함께 생각해 보면 이해할 수 있어요. 예를 들어 볼게요. 가끔 "아이들은 이래야만 해."라고 말하는 어른들이 있어요. 어른들 기준에서 보면 '착한' 아이는 어른의 말에 무조건적으로 "네."라고 대답하는 태도를 지녔을지도 몰라요. 그런데 그런 어른들 대부분은 '아이'인 여러분이 무엇을 원하는지, 어떤 것을 하고 싶어 하는지 진심으로 알려고 하지 않고 묻지도 않아요. 그냥 "네."라는 대답만 바랄 뿐이니까요.

 이런 경우, 아이는 '말해지는 사람'이 되고 어른은 '말하는 사람'이 되지요. 어른과 아이의 문제를 예로 들어 이야기한 것처럼, 우리의 역사에서도 마찬가지였어요. 여자들은 스스로 하고 싶은 것을 하는 것이 아니라, 남자들이 '여자는 이래야 한다.'고 하는 것들만 해야 했지요. 그래서 좋은 엄마, 좋은 딸, 좋은 며느리, 좋은 여자가 무엇을 어떻게 해야 하는지를 남자들이 정해 왔어요. 페미니즘은 바로 여기에서 시작되었답니다. 여자들이 자신이 누구인지, 무엇을 원하는지를 스스로 말하면서부터요.

그러므로 페미니즘은 한마디로 말해 '여자도 인간이다.'라는 또렷한 목소리랍니다. 여자도 인간이라는 것은 너무나 당연한 사실 아니냐고요? 그래요. 이토록 당연한 사실이 당연하게 받아들여지기까지 우리의 역사 속에서는 힘들고 어려운 일들이 많았던 거예요. 오랜 시간이 흘러 비로소 우리가 한목소리로 페미니즘을 이야기하고 있어요. 여자든 남자든 모두 평등한 사람이라는 것, 그래서 자신이 살고 싶은 삶을 살 수 있도록 해야 한다는 것이 바로 페미니즘의 가장 중요한 주장이에요. 여자라서 차별하는 것은 나쁜 것이잖아요.

"재원아, 페미니즘이 무엇인지 선생님께 물어보길 정말 잘했다, 그치? 그렇게 중요한 이야기를 모르고 지나갈 뻔했잖아."

"그러게. 페미니즘은 여자도 인간이라는 주장이라니! 정말 멋지다. 성평등 격차 보고서의 발표는 정말 충격이야. 144개 나라들 중에서 118등이라니, 거의 꼴찌 수준이잖아. 우리처럼, 이렇게 페미니즘에 대해 배우기 시작하면 점점 등수가 올라가겠지, 나미야? 다음 시간에 선생님께서 어떤 이야기를 해 줄지 완전 기대돼."

나미와 재원이는 오늘 질문하기를 참 잘했다고 생각하며 집으로 향했답니다.

2장
페미니스트는
누구예요?

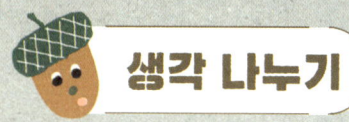 생각 나누기

페미니스트는 여자만인가요?

페미니스트가 되는 데 여자든 남자든 성별은 중요하지 않아요. 누구나 페미니스트가 될 수 있어요. 차별과 편견이 옳지 않다고 생각하고, 평등한 세상이 되어야 한다고 믿는 사람이라면 말이지요. 모두가 페미니스트가 되어야 우리가 사는 세상이 점점 더 나은 방향으로 향하지 않을까요?

"재원아, 너는 남자고 나는 여자야. 근데 페미니즘은 여자만 해야 하는 건가?"

"글쎄, 여자도 남자와 똑같은 사람이잖아. 여자를 차별하는 태도와 마음이 나쁘다고 알려 주는 게 페미니즘이라면, 남자도 페미니즘을 알아야 하지 않을까, 나미야? 아마 오늘 선생님이 말해 주실지도 몰라."

재원이와 나미는 오늘도 궁금증이 한가득이었지요. 두 눈을 반짝반짝 빛내며 선생님의 이야기를 듣기 시작했어요.

1장에서 이야기한 내용을 되새겨 볼까요? 페미니즘은 간단하게 말해 '여자도 인간이다. 따라서 여자와 남자는 모든 면에서 평등하다.'는 주장이라고 했지요. 이렇게 모두 평등하다고 생각하고, '차별'이 아니라 '평등'을 이루는 것이 옳다고 지지하는 사람을 '페미니스트'라고 불러요.

여자라고 해서 자동적으로 페미니스트가 되는 것도 아니고, 남자라고 해서 페미니스트가 될 수 없는 것도 아니에요. 남자든 여자든 상관없이 차별이 나쁘고 모두가 평등한 세상이 되어야 한다고 믿는 사람은 누구나 페미니스트가 될 수 있어요. 뿐만 아니라, 모두가 페미니스트가 되어야만 우리가 사는 세상이 점점 더 좋아지겠지요. 이 말은 한편으로는 조금 쉽게 들리기도 해요. 남자든 여자든 페미니스트가 될 수 있다니, 그다지 어렵지 않은 것처럼 느껴지니까요. 그런데 우리는 가장 중요한 한 가지를 명심해야 해요. 그건 바로, 페미니스트가 되려면 나와 다른 누군가를 차별하지 않고 모두 평등해야 한다는 것이지요. 생각보다 쉽지만은 않을 것 같나요?

남자와 여자 모두 평등하게 사는 세상이 되려면, 바꾸어야 할 것이 참 많고 복잡하답니다. 살아가면서 우리가 날마다 마주하는 일상 속에는 불평등한 게 무척 많거든요. 또 평등이 무엇인지 제대로 아는 것도 사실 쉽지가 않아요. 그래서 차별이 무엇인지, 평등이 무엇인지에 대해서 알려 주는 페미니즘을 많은 사람에게 전해 줘야 해요. 사람들의 생각은 물론, 크고 작은 여러 문제들도 바꾸어야 하고요.

그런데 페미니즘은 왜 중요할까요? 자, 이 물음에 대해 함께 생각해 보도록 해요.

처음에 '페미니즘'이라  는 말을 쓴 사람들은 이 세상에 여자와 남자가 함께 사는데, 남자는 하고 싶은 일을 다 하면서 살 수 있고, 여자는 단지 여자라는 이유로 자기가 좋아하고 하고 싶은 일을 못하는 것이 옳지 않다고 생각했어요. 여자와 남자 모두 자기가 원하는 일을 하면서 살아가야 올바른 세상이라고 본 거지요. 아직도 많은 나라에서 여자는 운전도 못하게 해요. 아, 법적으로 금지한다는 이야기는

아니에요. 여자가 운전하는 것을 금지시켰던 사우디아라비아도 2018년 6월부터 '여성 운전 금지법'을 해제했으니까요.

   여자가 할 일과 남자가 할 일이 따로 있어서 각자의 일만 해야 한다고 생각하는 사람들이 지금도 여전히 많아요. 남자는 집 밖에서 일하고, 여자는 집에서 요리하고 아이를 낳아 기르면서 집 안일만 하는 게 옳다고 하지요. 옛날에는 지금보다 훨씬 더 심했어요. 여자는 대학에 들어가지도 못하고, 투표도 하지 못하던 때가 있었답니다. 예를 하나 들어 볼까요? 스위스는 이름만 들어도 모두가 아는 나라이지요. 시계, 초콜릿, 멋진 풍경 등 유명한 것들이 많고요. 그런데 바로 그 스위스가 유럽에서 가장 늦게 여성 참정권, 즉 여성이 투표하고 정치 활동에 참여할 권리를 받아들였다는 사실을 알고 있었나요? 1971년 일부 주에서 여성들의 투표할 권리를 인정하기 시작해 1991년이 되어서야 모든 주가 여성의 참정권을 받아들였다고 해요. 단지 스위스만이 아니라, 많은 나라의 여자들은 이렇게 기본적인 권리를 억압당한 채 살아온 거예요.

  페미니즘을 배우고 지지하는 사람들이 많아지면서 이렇게 여자를 차별하는 분위기가 아주 조금씩 바뀌기 시작했지요. 그리고 여자와 남자만이 아니라, 모든 사람이 차별받지 않는 세상으로 만들려는 사람들이 늘어 가고 있어요. 자, 그럼 다음 시간에는 페미니즘이 어떻게 생겨나고, 무슨 일을 했는지 좀 더 자세하게 살펴보기로 해요.

"와! 나미야, 난 페미니즘이 이렇게 중요한지 몰랐어."
  재원이가 말했어요.
"페미니즘이 우리가 사는 세상을 더 좋은 곳으로 만드는 거였다니. 그냥 여자들만 해야 하는 건 줄 알았거든."
"그러게 말이야. 나도 너도 페미니스트가 되어야겠다, 재원아.

우리 열심히 배우자."

"좋아! 우리 그러자, 나미야."

나미와 재원이는 하이파이브를 했어요.

3장
여성의 권리 운동이 뭐예요?

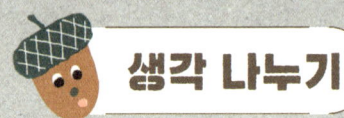

생각 나누기

왜 여자와 노예에게 투표권이 없었죠?

옛날엔 노예나 노비가 존재하던 시대가 있었지요. 신분과 계급으로 사람을 구분하고 나누던 때였어요. 이 세상 무엇과도 견줄 수 없이 남자가 가장 우월하다고 여기는 분위기였지요. 여자나 노예는 남자보다 수준이 낮고 비교 자체가 안 된다고 생각했어요. 그러니 정치 활동에 참여할 능력이 없다고 판단했던 거고요. 자, 함께 이야기 속으로 들어가 보아요.

나미와 재원이는 오늘따라 진지한 얼굴이었어요. '여성 운동'이라는 제목으로 특별 수업을 하는 날이거든요. 둘을 비롯한 다른 친구들도 선생님 이야기에 귀를 기울였답니다.

지금 우리가 이렇게 페미니즘을 공부하게 된 것은 많은 사람이 뿌린 변화의 씨앗 때문이에요. '여자와 남자가 똑같이 평등한 사람'이라고 생각하고 말하는 것이 지금은 당연한 것 같아도 자세히 들여다보면 부족함이 많다는 걸 말했지요? 그나마 이 정도가 되기까지 무척 힘겨운 시간이 있었다는 이야기도 나누었고요. 아주 오래전, '남자와 여자는 평등하다.'는 생각을 하고 글로 써서 다른 사람과 나눈 것 때문에 단두대에 처형까지 당한 사람이 있었어요. 올랭프 드 구주(Olympe de Gouges)라는 이름의 여성이에요.

1791년 9월, 프랑스에 살고 있던 드 구주는 '여성과 여자 시민의 권리 선언'을 써서 발표했어요. 이 권리 선언문은 1789년 프랑스 혁명 때 발표된 '인간과 시민의 권리 선언'에서 '인간'이라는 범주에 여성이 빠져 있었기에 드 구주가 여성을 넣어서 발표한 거예요. 드 구주는 "모든 여성 시민과 남성 시민은 법 앞에 평등하다."고 주장하면서 어떠한 차별도 있어서는 안 된다고 했어요.

프랑스 혁명은 '모든 사람은 자유롭고 평등해야 한다.'는 생각을 가지고 사회를 바꾼 굉장히 중요한 사건이었어요. 그런데 그 '모든 사람'에 포함된 것은 남자들뿐이었어요. 한번 생각해 봐요. '모든 사람'이라고 해 놓고서, '단, 여자들은 빼고' 하면 기분이 어떨 것 같나요? 당황스럽지 않나요? 어이없게도, 그 당시에는 너무나 당연한 일이었어요. 여자, 노예, 아이 들은 정식으로 '사람'의 범주에 들어가지 않았거든요. 그래서 드 구주는 그 '모든 사람'에 여자들도 들어가야 한다는 글을 발표한 거예요. 이 여성 권리 선언문 때문에 드 구주는 프랑스의 역적이라는 오해를 받았고 1793년 11월, 단두대에서 처형되었답니다. 드 구주가 세상을 떠나고 151년 만인 1944년, 프랑스에서 여성이 남성과 똑같이 투표권을 얻게 되었어요. 드 구주는 여자와 남자, 여성과 남성의 평등을 외쳤고 그 최초의 외침이 변화의 씨앗이 되었던 거예요.

어떤 변화를 만들려고 할 때, 혼자 주장하면 아무리 절실해도 사람들이 관심을 많이 갖지 않아요. 여럿이 함께 외쳐야 사람들이 귀를 기울이지요. 많은 사람이 함께 모여 여성과 남성의 평등을 외치기 시작한 것은 1848년 7월 19일에서 20일, 미국 뉴욕주에 있는 세니커폴스(Seneca Falls)라는 도시에서였어요. '페미니즘'이라는 말을 사람들이 쓰지 않았을 때라 '여성의 권리 운동'이라는 표현을 썼고, 짧게는 여성 운동(women's movement)이라고 했어요.

물론 이전에도 여자와 남자의 평등을 주장하던 사람들이 유럽에 있었어요. 그렇지만, 많은 사람이 한꺼번에 모여서 이런 주장을 하는 집회를 연 것은 1848년이 처음이었어요. 그래서 어떤 사람들은 세니커폴스에서 열린 이 집회를 '1848년의 혁명'이라고도 불러요. 놀랍게도 이 집회에는 여자들만이 아니라 남자들도 있었어요. 여자와 남자가 함께 평등한 세상을 만드는 것이 중요하다고 믿었던 남자들도 많았거든요.

　1848년 집회에서 결정한 가장 중요한 한 가지는, 여성의 투표할 권리를 얻고자 활동하겠다는 다짐이었어요. 그 당시 한국은 민주주의제 나라가 아니었기 때문에 사람들이 투표하지 않았지만, 유럽이나 미국은 사람들이 투표해서 정치가들을 뽑았어요. 하지만 노예가 아닌 남자들에게만 투표권이 주어졌고, 여자와 노예 들은 투표권이 없었지요.

여자와 노예 들에게 투표권을 주지 않았던 이유는 뭘까요? 여자와 노예는 남자들보다 못나고 수준이 낮다고 생각했기 때문이에요. 정치가를 뽑을 능력이 애초에 없다고 여겼어요. 그러니까 나이가 적든 많든 여자라는 이유로 어떤 결정을 할 능력이 없다고 본 거예요. 그래서 남자들이 모든 것을 결정하는 세상에서, 여자와 노예 들은 그저 자기에게 주어진 일만 하면서 살면 된다고 생각한 거지요.

1848년에 여성의 권리 운동이 시작된 이후 미국에 살고 있는 여자들이 비로소 투표권을 가지게 된 것은 1920년이에요. 자그마치 72년이라는 긴 시간이 걸렸어요. 당시 여성 운동을 처음 시작한 사람 대부분은 여자에게 투표권이 주어진 것을 못 보고 세상을 떠나셨지요. 그렇지만 그들이 평등한 세상을 위한 변화의 씨앗, 즉 '평등의 씨앗'을 뿌렸기 때문에 우리가 지금 그 열매를 보게 된 거예요.

그런데 생물학적으로 여자인 사람들이 하는 운동이라고 해서 모두 여성의 권리 운동이라고 할 수 있을까요? 아니에요. 예를 들어 '대한민국 엄마부대'라는 모임이 있어요. 이 모임은 여성들이 모여서 하는 것이지만 그들이 하는 활동은 '여성 운동'이라고 할 수 없어요. 왜냐고요? 페미니즘과 연관되는 여성 운동은 여성도 한 인간이라는 의식을 하는 것이 제일 먼저예요. 성차별 또는 모든 사람의 평등 문제에 대한 활동을 해야 페미니즘과 연결된 여성 운동이라고 할 수 있어요. '대한민국 엄마부대'는 오히려 그 반대편에 서 있거든요.

나미와 재원이는 이 이야기가 정말 재미있었어요. 처음 배운

'평등의 씨앗'이라는 말도 멋지게 느껴졌고요. 지금 우리가 대수롭지 않게 생각하는 '투표할 권리'가 이렇게 오랫동안 많은 사람이 싸워서 이뤄 낸 것이라니! 마음이 뭉클해졌지요. 집으로 오면서 나미와 재원이는 이렇게 약속했어요.

"옛날에 수많은 사람이 그랬듯이, 우리도 더 좋은 세상을 위해 '평등의 씨앗' 뿌리는 일을 계속해 나가자!"

4장
차별에는 두 가지 얼굴이 있다고요?

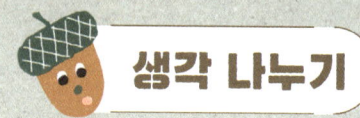

생각 나누기

왜 사람들은 서로를 구분 짓는 걸까요?

이 세상에 서로 같은 것은 하나도 없어요. 사람뿐 아니라 동물, 식물도 마찬가지예요. 저마다 조금씩 다른 생김새와 마음을 갖고 있지요. 이렇게 서로 같지 않고 다른 것을 '차이'라고 해요. 그런데 차이를 있는 그대로 받아들이거나 존중하지 않고 등급, 수준 등으로 구별하는 것이 '차별'이에요. 이번 장에서는 차별이 왜 일어나는지, 어떠한 방식과 태도로 나타나는지, 차별 없는 세상을 만들려면 무슨 노력을 해야 할지 이야기해 보지요.

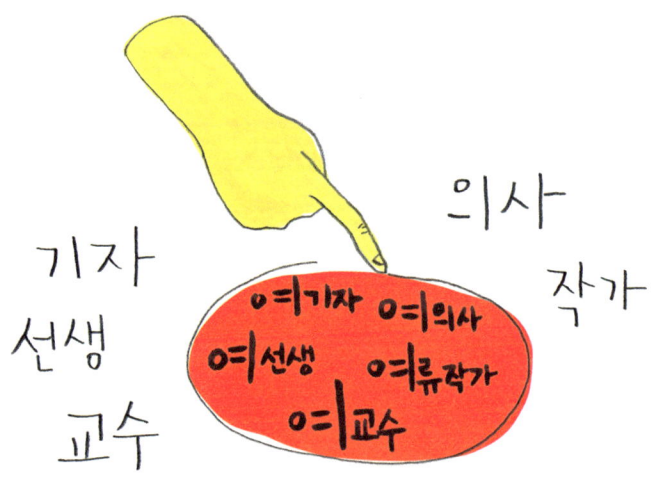

 **1. 보이는 차별**

 길을 걷고 있던 재원이가 작게 한숨을 내쉬며 나미를 바라보았어요.

 "나미야, 선생님 이야기를 듣다 보니 차별이 뭔지 이제 잘 알게 된 기분이 들거든? 근데 한편으로는 아직 하나도 모르겠어. 나미 넌 어때? 뭐가 차별인지 알겠어?"

 "나도 그래. 차별이 나쁘다고 말할 수는 있지만, 뭐가 진짜 차별인지 알고 싶어. 우리 선생님께 물어보자, 재원아."

 선생님을 만나기 위해 나미와 재원이는 발걸음을 서둘렀어요.

 지난 시간 동안 우리는 페미니즘이 무엇인지, 페미니스트가 누구인지, 여성의 권리 운동이 언제 시작되었는지 함께 살펴보았어요. 이야기 속에서 공통점을 발견했나요? 바로 '여자와 남자는 같은 사람이니 차별하지 않고 평등하게 살아야 한다.'는 것이었어요. 그런데 누구나 다 평등하게 사는 세상을 만들기 위해서는 차별이 무엇인지 제대로 알아야 해요. 왜냐하면 차별은 알기가 쉬운 것 같으면서도 참 어렵거든요. 마치 수백 년도 넘은 엄청 큰 나무에 있는 수백 개의 가지 같아요.

수많은 '차별의 가지'가 여기저기 얽히고설켜 있어서, 가지 하나하나를 들여다보려고 애쓰지 않으면 잘 보이지 않아요. 차별은 두 개의 얼굴을 지니고 있답니다. 하나는 '보이는 차별'이고 또 다른 하나는 '보이지 않는 차별'이에요. 오늘은 '보이는 차별'부터 먼저 이야기하기로 해요. 몇 가지 예를 통해 좀 더 자세히 살펴보기로 하지요.

신부나 목사가 되고 싶어 하는 여자 사람들이 있어요. 여자가 목사로 일할 수 있는 교회도 있지

만, 아직도 많은 교회들이 여자는 신부나 목사로 일할 수 없다고 법으로 만들어 놓았어요. 앞서 이야기했듯 여자는 운전할 수 없도록 법으로 정해 놓았던 나라도 있지요. 중·고등학교에서 여자 학생에게 치마 교복을 입도록 강제하는 것도 차별이에요. 왜냐하면 여자는 '치마를 입어야 여자다운 것'이라는 고정된 생각을 강제로 받아들이게 하기 때문이지요.

학교 출석부에서 남학생을 1번으로 시작하고, 여학생은 남학생이 모두 끝난 다음에 시작하는 것도 성차별이에요. 남학생을 먼저 하면 남자가 여자보다 더 중요하다는 생각을 가지게 해서, 여학생들은 뭔가 남학생보다 덜 중요한 사람이라고 여길 수도 있기 때문이지요. 또 간호사나 미용인을 양성하는 학교에 입학할 수 있는 사람을 여성으로만 정하는 것도 남성에 대한 성차별이라고 할 수 있어요. 간호사나 미용인은 여자만 하는 직업이라는 생각을 고정시키고, 그런 일을 하고자 하는 남자들을 아직도 이상하게 보니까요.

똑같은 일을 해도 여자와 남자가 받는 임금이 달라요. 2018년 5월 국가인권위원회가 발표한 자료를 살펴보면, 100명 이상 일하는 회사의 남녀 임금격차가 시간당 평균 33.3퍼센트라고 해요. 남자가 100만 원을 벌 때 여자는 66만 7천 원을 버는 셈이에요. 똑같은 일을 하는데, 여자라는 이유로 남자보다 비용을 적게 받는다면 그것은 분명한 차별이지요.

혹시 여러분, '유리 천장'이라는 말을 들어 본 적이 있나요? 말 그대로, 천장이 유리로 되어 있어 직접 부딪히기 전까지는 그곳이 막혀 있는지 전혀 알 수 없는 것을 말해요. 우리나라뿐 아니라 전 세계적으로 차별과 한계가 가로막은 사회 현실을 빗대어 표현하는 단어이지요. 즉, 충분히 능력은 있는데 그 사람의 성별, 인종, 장애, 나이 등 다른 이유 때문에 승진을 하지 못하는 상황을 뜻하는 거예요. 여자이기 때문에 직장에서 어느 지위 이상은 승진이 안 돼요. 능력이 없어서가 아니라, 단지 여자이기 때문에 더 이상의 승진이 안 된다는 거예요.

회사에서 중요한 직책에 있는 사람들을 보면 위로 올라갈수록 여자들의 모습은 점점 사라져요. 마치 유리로 만든 천장이 있어서 멀리서 보면 없는 것 같지만 여자들이 계속 걸어가려고 하는데 막혀 있다는 거지요. 이렇게 여자라는 이유로 능력과 상관없이 높은 자리에 가지 못하는 경우들을 모아서 '유리 천장 지수'라고 불러요. 2016년 통계를 보면 한국은 이 유리 천장 지수가 25점이에요. 아이슬란드는 82.6점, 노르웨이는 79.3점, 스웨덴은 79점, 미국은 55.9점, 일본은 28.8점인데, 한국은 25점이라니 경

제협력기구(OECD) 나라들 가운데 점수가 제일 낮은 나라가 되어 버렸어요. 점수가 낮을수록 여자들에 대한 차별이 많다는 거지요.

 그뿐만이 아니에요. 집에서, 학교에서 또는 길을 가거나 사람이 모인 곳에서, 남자가 여자를 놀리고 때리기도 해요. 여자가 다른 여자를 업신여기고 흉보고 일부러 어려운 상황에 빠뜨리는 경우도 있어요. 그러니까 남자만 여자를 차별하는 것이 아니라, 여자도 다른 여자를 차별하는 경우가 많다는 거예요. 이런 모든 것을 '성차별'이라고 해요.

 텔레비전 광고나 드라마, 예능 프로그램에서도 여자와 남자가 하는 일을 고정시킨 것들이 많아요. 주로 여자는 부엌일이나 청소, 빨래 등의 집안일을 하지요. 무심코 나누는 대화 속에 남자보다 덜 중요한 일을 하고 있다는 암시가 배어 있어요. 남자는 어떠할까요? 회사를 운영하고, 중요한 결정을 하는 위치에 있는 사람으로 나오곤 해요. 여러분이 자주 보는 텔레비전 프로그램이나 광고를 찬찬히 들여다보면, 이전에 보이지 않던 것들이 이제부터 보이게 될 거예요.

근데 여자와 남자 사이의 성차별만 있을까요? 아니에요. 다른 이름의 차별도 많아요. 예를 들어, 한국에 와서 일하고 있는 다른 나라 사람들을 한국 사람들이 업신여기고 놀리는 경우가 있지요. 그 사람들이 우리와 말도 다르고 피부색도 다르다는 이유로 놀리고 따돌리는 걸 '인종 차별'이라고 해요. 또 몸이 불편한 사람들에게 놀리는 말을 하고 업신여기는 것은 '장애 차별'이라고 하지요. 그리고 더 있어요. 여자와 여자, 남자와 남자가 사랑해서 결혼하려고 하는데, 한국에서는 법적으로 결혼을 못하게 해요. 이런 것은 '동성애 차별'이라고 부를 수 있어요. 또 나이가 많고 적음에 따라서 차별하는 것을 '나이 차별'이라고 하지요.

어떤가요, '보이는 차별'이 생각보다 아주 많지요? 다음 이야기에서는 '보이지 않는 차별'이 뭔지 살펴보기로 해요.

"와, 재원아, 차별이 무엇인지 알려면 정말 많이 공부해야겠다. 금세 알 수 있을 거라고 생각했는데, 그게 아니구나."
"그러게, 아무렇지 않게 넘겼던 일들도 자세히 보면 차별이야. 그리고 차별에 그렇게 많은 종류가 있는 것도 처음 알았어. 역시 공부해서 아는 것은 신나는 일이야. 그치, 나미야?"
"맞아. 우리 신나게 공부하자. 재원아."
나미와 재원이는 어깨동무를 하며 집으로 향했어요.

 ## 2. 보이지 않는 차별

"재원아, 나 요즘 동화책을 못 보겠어. 너무 신경 쓰여서."

나미가 속상한 얼굴로 동화책을 덮으며 말했어요.

"응? 뭐가?"

재원이가 물었어요.

"너 그거 알아? 동화책에 나오는 여자들은 모두 비슷하다는 거. 거의 딱 두 종류야. 예쁘고 약하고 힘없는 '착한 여자'거나, 못생기고 마음씨도 못된 '나쁜 여자'거나. 나쁜 여자는 언제나 착한 여자를 못살게 굴고, 마지막에 멋지고 힘센 왕자 같은 남자가 나타나서 착한 여자를 짠~ 하고 구해 줘. 신데렐라 이야기를 봐. 걔는 약해서 혼자서는 아무것도 못해. 또 다른 여자인 계모는 신데렐라를 못살게 굴고 괴롭혀. 아니 대체 왜 예쁘고 힘이 없거나, 못생기고 못된 여자밖에 없는 거야? 동화책 볼 때마다 속상해서, 진짜."

나미는 말을 다 끝내고서도 기분이 좋지 않은 얼굴이었어요.

"아……. 그게 그렇게 화날 정도로 나쁜 거야, 나미야?"

재원이가 머리를 긁적이며 물었어요.

"여자는 자기 스스로 아무것도 못해서 꼭 남자가 도와줘야 하는 거처럼 나온다니까. 아니면 다른 여자를 괴롭히고 못되게 구는 나쁜 여자거나. 너는 그게 아무렇지도 않니?"

"글쎄, 난……."

선뜻 대답하지 못하는 재원이를 보며 나미가 다시 차근차근 말을 이어 갔어요.

"음, 만약에 동화책에 나오는 남자가 '착한 남자'와 '나쁜 남자'로만 그려진다고 생각해 봐. 착한 남자는 스스로 아무것도 하지 못하고 언제나 다른 멋진 여자가 나타나서 구해 줘야 한다면, 어떨 거 같아?"

"아, 맞네. 거꾸로 생각해 보니 완전 별로다."

그제야 재원이가 고개를 끄덕이며 말했어요.

"동화책만이 아니야. 텔레비전 드라마나 영화도 죄다 똑같아. 어휴, 여자는 맨날 화장하고 꾸미느라 바쁘고, 남자들에게 비싼 가방이나 옷만 바라는 사람으로 나오고. 여자끼리는 맨날 시기하고 질투하고 서로 싸우고 말이지. 정말 속상해. 여자끼리는 왜 우정을 나누는 모습이 안 나올까? 나는 그렇게 여자끼리 싸우고, 편 가르고, 남자가 뭐 사 주기만을 바라는 그런 여자가 되고 싶지 않거든."

나미는 한숨을 푹 쉬었어요.

"자자, 물 좀 마셔. 참, 나미야, 근데 너 지난번에 장래희망 조사에 뭐 적었어? 사회 시간에 한 거."

"그거? 난 아이작 뉴턴과 같은 과학자가 되고 싶다고 했어."

나미가 뉴턴 이야기를 꺼내며 두 눈을 반짝였어요.

"야, 뉴턴이 얼마나 멋지냐면, 골똘히 생각하던 중에 배가 고파 달걀을 삶으려다가 달걀 대신 자기 시계를 넣고 삶았대. 와~ 집중력 진짜, 대단하지 않냐? 자기 일에 그렇게 집중하는 사람, 완

전 멋져. 그런데 우리 엄마는 걱정하서. 과학자는 남자한테 유리하고 여자한테는 불리하다고. 그래서 속상해. 재원이 넌 뭐라고 썼어?"

"나는 간호사가 되고 싶다고 적었어. 전에 진짜 아파서 병원에 입원한 적이 있었잖아. 그때 아픈 사람을 돌보는 간호사가 참 멋져 보였거든. 근데 나도 식구들한테 말하니까, 남자는 의사를 해야 한다면서, 여자가 하는 간호사는 꿈도 꾸지 말라고 하더라."

재원이가 멋쩍은 얼굴로 말하자 나미가 재원이의 어깨를 토닥였어요.

"어떤 남자애는 발레를 하고 싶다고 썼는데, 집에 가서 부모님께 되게 혼났대. 여자나 하는 거지 남자가 무슨 발레냐고 했다는 거야. 웃겨, 여자 직업 남자 직업이 따로 있나……. 재원아, 신경 쓰지 말고 네가 정말 하고 싶은 일을 해. 하고 싶은 일을 남자라고 또는 여자라고 해서 못하게 막는 건 차별이잖아. 진짜, 그런 건 더 위험한 차별 같아. 눈에 보이지 않지만 생각으로 이미 많은 것을 구분 짓고 억압하잖아. 네가 뭘 하든지, 넌 내 친구야. 그거 알지?"

  나미의 말을 듣고서 재원이는 기분이 한결 나아졌답니다.

 ## 3. 한 걸음, 한 걸음, 차별을 넘어서는 과정

"나미야, 사람들이 대통령에 대해 여기저기서 이야기를 많이 하잖아. 근데 좀 이상해."

재원이가 고개를 갸우뚱하며 말을 이어 갔어요.

"지난번 대통령 때는 신문이랑 방송에서 '여자 대통령'이라고 엄청 그랬거든. 그런데 이번에는 아무도 '남자 대통령'이라고 하지 않아. 왜 그렇지?"

"맞아, 재원아. 그러고 보니까 정말 이상하다. 남자한테는 남자라는 걸 굳이 붙이지 않는데, 왜 여자한테는 '여자'라는 말을 덧붙여서 말하지? 남선생·남기자·남작가·남교수 이런 말은 안 하잖아. 그런데 여자는 여선생·여기자·여류 작가·여교수래."

나미는 잠깐 말을 멈추고 골똘히 뭔가를 생각하다가 다시 입을 열었어요.

"여자도 남자도 모두 똑같이 사람인데 왜 다르게 부르지? 이것도 왠지 차별 같아. 사소해 보이지만, 이런 말을 들으면 이 세상은 마치 '남자들의 세상'같이 느껴진다고. 어쩌다가 '여자'가 끼면 따로 불러 주는 거고."

"듣고 보니 그렇네, 나미야. 그리고 남자 축구는 그냥 '축구'라고 하는데, 여자 축구는 여자를 붙여서 '여자 축구'라고 해."

"아! 그렇구나. 재원이 역시 너는 대단해, 그런 걸 알아차리다니. 그런데 요즘 미국에서는 말이 많이 바뀌고 있대."

"말이 바뀐다고? 그게 무슨 말이야, 나미야?"

나미는 '여자 대통령'이라는 말은 당연한 듯 쓰는 사람들이 '남자 대통령'이란 말은 아예 안 쓰는 걸 이상하다고 생각하는 재원이가 멋져 보여서, 미국에 사는 이모에게 들은 이야기를 신나게 해 주었어요.

"재원아, 이모가 그러는데, 이런 말들이 여자를 차별하는 생각을 당연하게 여기게 한다는 거야. 옛날에는 경찰관을 '폴리스맨(policeman)'이라고 하고, 의장을 '남자 의장'이라는 뜻의 '체어맨

(chairman)'이라고 했대. 이런 명칭은 남자만 들어가 있고 여자는 쏙 빼놓은 거잖아. 그래서 요즘에는 폴리스맨 대신 '경찰 공무원'이라는 뜻의 '폴리스 오피서(police officer)'라고 하고, 또 남자와 여자가 다 포함된 의장이라는 의미로 '체어퍼슨(chairperson)'이라는 말로 바꿔 말한대. 한국에서 여자 대통령·여기자·여류 작가·여선생·여교수 같은 표현을 신문이나 텔레비전에서 계속 쓰는 건 진짜 큰 문제라 하더라고."

"나미야, 세상엔 '보이지 않는 차별'이 정말 많구나! 네 말을 듣기 전에는 생각하지도 못했는데……. 덕분에 나도 똑똑해지는 것 같아. 역시 넌 멋진 친구야!"

나미와 재원이는 서로를 쳐다보며 기분 좋게 웃었답니다.

5장
미투 운동이 뭐예요?

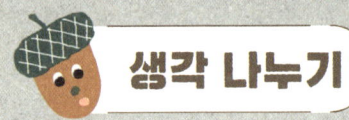 **생각 나누기**

왜 나쁜 일을 숨겨야만 했을까요?

자기보다 약하거나 힘이 없는 사람에게 나쁜 말과 행동을 일삼는 사람들이 있어요. 그런 못된 사람들을 맞닥뜨렸을 때 "안 돼! 하지 마!" 큰 소리로 말해야 해요. 손가락질을 당할까 봐, 더 많은 상처를 입을까 봐, 혼자 속으로 끙끙거리지 말아요. '혹시 나한테 문제가 있어 그런 일을 당한 걸까?' 힘들어하지 말아요. 결코 자기 잘못이 아니에요. 괜찮아요. 다 털어놓아도 충분히 괜찮아요. 혼자가 아니고 함께하니까요.

# 1. 미투 운동의 시작: 너의 잘못이 아니야

"재원아, 요즘 텔레비전을 켜면 '미투 운동'이라는 말이 자꾸 나오잖아. 엄마 아빠한테 그게 뭐냐고 물어봤는데 애들은 알 필요 없다면서 안 가르쳐 주셔. 나는 너무 궁금한데……."

"맞아, 나미야. 나도 잘 모르겠어. 요즘 우리 반에는 '미투 운동'이라고 하면서 예전에 괴롭힘 당했던 이야기를 꺼내는 친구들도 있어. 근데 그 친구들이 엄마 아빠한테 엄청 혼났대. 그런 얘기를 아무렇지 않게 밖에서 하고 다닌다고."

"어른들은 자꾸만 어린이는 몰라도 된다고 하는데, 어른이랑 우리랑 똑같은 세상에 살잖아. 누구는 알고 누구는 몰라야 하는 게 어디 있냐!"

나미가 답답하다는 표정으로 말했어요. 재원이도 고개를 끄덕이며 맞장구쳤어요.

"사실은 나도 무척 궁금했는데, 아무도 안 가르쳐 주더라고. 선생님께 물어보자."

 미투는 영어 'Me Too'를 소리 나는 대로 적은 것이에요. 한국말로는 '나도'라고 번역할 수 있지요. 그런데 미투 운동의 미투에는, '너만 그런 일을 당한 것이 아니라 나도 당했어. 그리고 그런 일을 당한 것은 네 잘못이 전혀 아니야.'라는 뜻도 함께 담겨 있어요. 이게 무슨 말일까요? 함께 천천히 생각해 보기로 해요.

 '#MeToo' 미투라는 말에 해시 태그를 달아서 하나의 운동으로 퍼뜨린 사람은 미국에 사는 여성, 타라나 버크(Tarana Burke)예요. 해시 태그가 무엇인지 잠깐 이야기하자면, 페이스북이나 트위터에서 해시 기호 '#' 뒤에 특정한 단어를 쓰면 그 단어에 관한 글을 모두 모아 볼 수 있어요. 연관 검색이 될 수 있도록 키워드를 달아 주는 셈이지요. 나와 같은 궁금증을 품고 있거나, 나와 같은 생각을 지닌 사람들을 만나는 연결고리가 되는 거예요. 그렇다

면 버크는 왜 '#MeToo'라는 해시 태그를 달게 되었을까요?

어느 날 버크에게 열세 살 여자 사람이 말했어요. 어떤 어른 남자가 자기의 몸을 만지면서 나쁘고 싫은 행동을 했다고요. 이 이야기를 듣고 있던 버크는 아무 말도 못하고 가만히 듣고만 있었어요. 그 뒤 다시는 그 여자 사람을 만나지 못했어요. 버크는 자신도 어릴 적 그와 비슷한 일을 겪었는데 왜 아무 말도 하지 못했을까, 무척 후회스럽고 괴로웠어요. 자기가 겪은 나쁜 경험을 말하던 열세 살 여자 사람에게 "나도 그랬어."라고 말했더라면, 그녀는 자기만 그런 걸 겪었거나 또는 자기한테 문제가 있어서 그런 일을 당한 것이 아니라고 생각했을 텐데, 하고요.

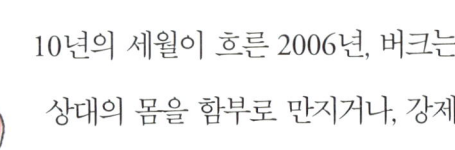

10년의 세월이 흐른 2006년, 버크는 상대의 몸을 함부로 만지거나, 강제

로 나쁜 말과 행동을 하는 등의 폭력을 당한 사람들이 혼자 속으로 끙끙거리며 힘들어하지 말고 그 경험을 밖으로 말하자는 운동을 '미투'라는 말을 써서 시작했어요. 버크는 성추행, 성폭력을 당한 여성을 도와주기 위한 조직도 만들었어요. 그렇지만 2006년 당시에는 지금처럼 많은 사람이 미투 운동을 알지 못했어요. 자신에게 일어난 나쁜 일을 숨기지 않고, 그 행동이 틀렸음을 알리고자 용기 내어 말하는 사람들이 있기는 했지만 이에 대해 관심 갖는 사람들이 많지 않았던 거예요.

한국뿐 아니라 세계 곳곳에 있는 사람이 미투 운동에 관심을 가지게 된 것은 2017년 10월, 미국 할리우드에서 영화 만드는 감독이자 제작 프로듀서 하비 와인스타인(Harvey Weinstein)이 수

많은 여성에게 몹시 나쁜 일을 했다는 사실이 드러나면서부터였어요. 미국에서 발행되는 잡지 『타임』에서는 버크를 포함해, 여성에게 나쁜 행동을 한 사람이 누구인가를 밝히는 운동을 벌인 여러 명의 여성을 '침묵을 깨는 사람들(silence breakers)'이라고 부르면서 '2017 올해의 인물'로 뽑았어요.

 이 운동이 왜 중요한 것일까요? 이 이야기가 정말 어른 사람들에게만 해당하는 이야기일까요? 아니랍니다. 다음 시간에 좀 더 자세한 이야기를 나누도록 해요.

"나미야, 정말 배워야 하는 게 참 많아. 나는 미투 운동에 그런 뜻이 있는 줄 몰랐어."

"맞아, 텔레비전에서 나오는 얘기들이 엄청 심각해 보였는데, 남의 문제만이 아니었어. 알고 보니 완전 중요한 거잖아."

 나미와 재원이는 복잡한 머리를 식힐 겸, 집에 가는 길에 놀이터에서 놀다 가기로 했어요.

 ## 2. 소리 내어 말하기: 내 몸의 주인은 나다!

수업 시간 전, 의자에 가만히 앉아 뭔가를 골똘히 생각하던 재원이가 천천히 입을 열었어요.

"근데 나미야, 사람들이 왜 남의 몸을 만지고 싫어하는 일을 하는 걸까?"

"그러게 말이야. 나는 누가 나에게 그러면 완전 속상하고 싫을 것 같아."

"물론 그런 일이 일어나면 안 되겠지."

나미와 재원이가 심각해진 얼굴로 이야기를 나누는 사이 수업 시작을 알리는 종소리가 울리고 선생님이 들어오셨어요.

지난 시간에 이어 '미투 운동'에 관해 계속 이야기해 볼게요. 미투 운동을 잘 이해하려면 우선 우리의 몸을 이해할 필요가 있어요. 우리는 편의상 사람을 몸과 정신으로 나눠요. 그렇지만 실제

로 몸과 정신이 따로 있는 게 아니에요. 몸은, 우리를 한 명의 고유한 사람으로 만드는 마음과 정신이 모두 담겨 있는 자리예요.

그래서 우리 몸은 아주 소중하고 존중받아야 해요. 내 몸의 주인은 바로 나 자신이에요. 큰 소리로 함께 말해 볼까요? "내 몸의 주인은 나!" 맞아요. 그렇기 때문에 가족이나 친척, 친구, 아는 사람이라 해도 나의 몸을 허락 없이 함부로 만지면 안 돼요. 내 몸을 함부로 대하는 것은 곧 '나'라는 모든 것에 함부로 하는 것과 마찬가지예요.

이토록 소중한 몸에 내가 원하지 않는 행위를 하거나 아주 기분 나쁜 말을 하는 사람들이 있어요. 어떤 때는 싫다는 표시를 해도 그만두지 않고 더욱 강하게 힘을 쓰기도 해요. 이렇게 누군가의 몸에 그 몸의 주인이 불쾌하게 느끼는 말을 하는 것은 성희롱이라고 하고, 힘을 써서 원하지 않는 행위를 강제로 하는 것은 성추행, 성폭행이라고 해요. 이 모든 것을 일컬어서 성폭력이라고 하고요. 이런 말들이 어렵고 불편하지요? 하지만 여러분도 정확히 알고 있어야 해요. 자기에게 또는 다른 사람에게 일어난 일을 분명하게 표현하는 이름표 같은 것이니까요. 그리고 너무 안타깝고 속상하지만, 어른들에게만이 아니라 어린이들에게도 이런 일이 일어나고 있어요.

도대체 누가 다른 사람의 몸에 이런 일을 할까요? 대부분 힘이 센 사람이 약한 사람에게 해요. 이 힘은 신체적인 힘만이 아니에요. 성별에 따른 힘 또는 나이나 위치에 따른 힘 등 다양한 종류의 힘이 있어요. 보통은 여자가 남자보다 힘이 없어서 여자가 당하는 경우가 많아요. 또 어른이 나이와 힘을 이용해서 어린이의 몸에 함부로 나쁜 일을 하기도 해요.

이런 일이 일어나면 어떻게 해야 할까요? 우선 분명하게 큰 소리로 "싫어(요)! 안 돼(요)!"라고 당당하게 자신의 의사를 밝혀요. 그런데도 멈추지 않는 사람이 있어요. 그럴 때는 믿을 만한 사람에게 그 일에 관해 말하고 도움을 청해야 해요. 정말 마음이 힘들고 속상할 거예요. 그렇지만 당한 사람 잘못이 아니라 나쁜 일을 한 사람이 잘못한 거라는 사실을 분명하게 기억해야 해요.

우리 모두는 내 몸이 소중한 것처럼, 다른 사람의 몸도 소중하다는 생각을 하면서 지내야겠지요? 그래야 우리가 사는 세상이 정말 신나고 살기 좋은 곳이 되거든요. 힘센 사람이 힘없는 사람의 몸을 함부로 대하는 세상에서는, 그 누구도 평화롭고 자유롭고 평등한 사람으로 즐겁게 살 수 없어요. 미투 운동에서 가장 중요한 사실은 바로 내 몸과 다른 사람의 몸이 똑같이 소중하고 존중받아야 한다는 거예요. 어른이든 아이든 남자든 여자든 높은 지위에 있든 낮은 지위에 있든 모두가 다 소중하고 평등한 사람이라는 것, 그래서 몸에 관해 함부로 말하거나 그 어떤 나쁜 행위도 해서는 안 되는 세상으로 만들어 가는 것, 이것이 미투 운동이 우리에게 알려 주는 중요한 내용이에요.

수업이 끝나고, 나미와 재원이가 집으로 돌아가며 대화를 나누었어요.
"재원아, 오늘 배운 것 중에서 제일 신나는 말이 뭔지 알아?"
"뭐야?"
"'내 몸의 주인은 나다.'라는 말. 그 말을 크게 소리 내니까, 정말 내가 내 주인이라는 생각이 확 들더라고."
"나도 그 말이 기억에 제일 많이 남아. 뭔가 가슴에 파악 꽂히는 것 같더라고. 나미야, 우리 그 말 같이 해 보자."
나미와 재원이는 다시 한 번 큰 소리로 "내 몸의 주인은 나다!"라고 외치며 웃었어요.

 ## 3. 그 누구도 함부로 대할 수 없어

미투 운동에 대한 마지막 수업이 있는 날이에요. 재원이는 지난 시간에 선생님이 들려준 이야기를 되새겨 보는 중이었어요.
"나미야, 미투 운동이 뭔지 이제 아주 조금 알 것 같아."
"나도 그래, 재원아."
"근데 머리로는 알겠는데 사실 아직 좀 어려운 부분도 있어. 미투 운동이 정말 그렇게나 중요한 건가?"
"솔직히 나도 누가 왜 그렇게 미투 운동이 중요하냐고 물으면 어떻게 대답해야 할지 모를 것 같아. 마음으로는 알겠는데 이걸 어떻게 분명하게 이야기해야 할지 어려워. 재원아, 선생님께 물어보자."

오늘은 미투 운동이 왜 중요한지 생각해 보기로 해요. '미투(Me Too, 나도 그래)'는 '위드유(With You, 너와 함께)'라는 의미가 같이 담겨 있어야 해요. 깜깜한 숲속을 걸어야 하는 일이 있다고 생각해 봐요. 그 길을 혼자서 걸을 때는 굉장히 무섭겠지요? 그런데 여러 사람이 함께 걸으면 무섭지 않아요. 나쁜 일을 당한 사람은 마치 깜깜한 숲속에서 혼자 있는 것 같다는 생각을 하게 돼요. 그렇지만 혼자가 아니라 다른 사람들과 함께라면, 자기가 당한 일을 말할 힘이 생기고 그게 자기 잘못이 아니라는 생각도 하게 됩니다. 나쁜 일을 저지른 사람도 다른 사람들 앞에서 자기가 무엇을 잘못했는지 인정하고, 지켜보는 사람들도 그런 범죄를 절대 저지르지 말아야겠다는 다짐을 하게 되지요.

다른 사람의 몸에 함부로 나쁜 행동을 하는 사람은 어른만이 아니에요. 아이 사람도 있어요. 처음부터 그렇게 태어난 게 아니라, 자기보다 약한 사람 (또는 그렇게 보이는 사람)에게는 마구 대해도 된다는 걸 자기도 모르게 배운 거예요. 그러니까 자기 주변에 있는 사람의 몸을 절대로 함부로 해서는 안 된다는 것, 나의

몸이 중요한 것처럼 다른 사람의 몸도 똑같이 중요하다는 사실을 분명히 기억하기 바라요.

여러분은 자기보다 약하거나 힘이 없다고 업신여기고 다른 사람들의 몸을 보고 놀리거나 마구 취급하는 사람이 되지 말아야 해요. 누가 그러면 "그것은 나쁜 일이니 그러면 안 돼(요)!"라고 말할 수 있어야 하고요. 혹시라도 누군가 그런 일을 당한 것을 알게 되면, 다른 사람에게도 알려서 어려운 일을 당한 친구에게 힘이 되어 주어야 해요.

미투 운동이 우리에게 전하는 메시지를 여섯 가지로 정리해 보았어요. 첫째, 사람의 몸은 자기 자신이 주인이라는 점이에요. 둘째, 자신의 몸은 물론 다른 사람의 몸도 절대로 함부로 대해서는 안 되고 소중한 것으로 존중해야 해요. 셋째, 나쁜 일을 당했다면, 결코 자신에게서 비롯된 문제가 아니에요. 나쁜 일을 저지른 사람이 문제예요. 넷째, 나쁘고 어려운 일을 당한 사람을 혼자 내버려 두지 말아요. 함께 헤쳐 나가도록 힘을 합해야 해요. 다섯째, 다른 사람 몸에 나쁜 일을 한 사람은 그 잘못을 인정하고 책임져야 해요. 마지막으로 여섯째, 나쁜 일을 당한 사람들이 깜깜한 '피해자의 방'에서 나와 이 세상을 바꾸는 사람, 즉 '변화의 에이전트(agent)' 역할을 당당하게 할 수 있다는 점이에요. 마땅히 그래야 하지요, 잘못한 것이 없으니까요.

　미투 운동은 성추행이나 성폭력에 관한 것만이 아니에요. 우리가 사는 세상은 힘 있는 사람이 힘없는 사람의 몸을 자기 마음대로 하는 곳이 아니라, 힘에 상관없이 누구나가 다 소중한 사람으로 귀하게 여겨지는 곳이어야 해요. 미투 운동은 우리가 이런 세상을 만들어 가야 한다는 중요한 사실을 알려 주고 있답니다.

"이제야 미투 운동이 왜 그렇게 중요한지 분명히 알게 되었어, 재원아."

"나미야, 나도 누가 물어보면 이제 말해 줄 수 있을 것 같아. 역시 사람은 배워야 해."

재원이와 나미는 오늘 배운 것을 이야기하며 함께 집으로 향했어요.

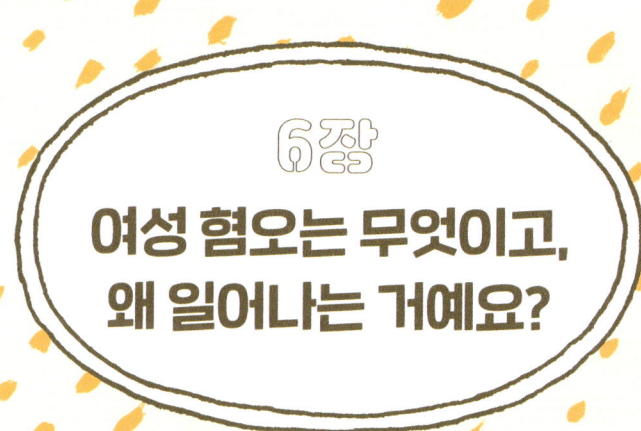

6장
여성 혐오는 무엇이고, 왜 일어나는 거예요?

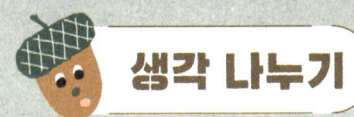

여자들이 정말로 못된 짓을 했나요?

오래전 중세 유럽에서는 500여 년 가까이 '마녀 화형' 사건이 지속되었어요. 다른 여자들과 조금 다른, 한마디로 '여자답지 않은 여자'들은 악귀가 붙은 마녀로 몰렸지요. 동네에 좋지 않은 일이 일어나도 마녀의 탓으로 몰아갔어요. 수없이 많은 여자가 마녀로 몰려서 심문을 당하고 불에 타 억울하게 죽어 버렸어요. 방법과 수단은 달라졌지만, 지금도 여전히 여자를 미워하고 혐오하는 사람들이 있어요. 단지 여자라는 이유만으로 미움을 받는다면 어떻게 해야 좋을까요?

# 1. 여자들이 못나고 위험하다고?

"요새 사람들이 '여성 혐오'라는 말을 많이 하던데, 여성 혐오가 뭐야?"

재원이가 나미에게 물었어요.

"글쎄, 남자들이 여자들을 막 싫어하고 미워하는 건가?"

나미도 고개를 갸우뚱했지요.

"나는 남자인데 여자인 너를 미워하지도 않고, 우린 되게 친하잖아!"

"그러게. 잘 모르겠네. 선생님은 아시겠지?"

나미와 재원이는 선생님께 물어보기로 했어요.

"오늘 두 사람이 우리 모두 알아야 할 중요한 질문을 했어요."

선생님이 나미와 재원이를 칭찬하며 이야기를 시작했어요.

'여성 혐오'라는 말은 영어로 '미소지니(misogyny)'라고 해요. 이 영어 단어는 '여성을 싫어함'이라는 의미를 갖고 있어요. 남성 혹은 여성이 여성에게 느끼는 혐오와 증오, 공포를 두루 의미하고 있지요. 즉, 여자에 대한 혐오와 편견 등 부정적인 태도와 이해를 뜻하는 거예요.

여성 혐오는 여자를 노골적으로 무시하고 때리고 따돌리는 것처럼 눈에 보이는 경우도 있지만, 많은 경우 눈에 잘 보이지 않아서 알아차리기 힘들어요. 그래서 더욱 위험하지요. 간단하게 말하면, 여성 혐오란 여자는 남자보다 열등한 사람 그리고 위험한 사람이라는 생각을 하고 행동하는 거예요.

그런데 우리가 기억해야 할 중요한 사실이 있어요. 남자만 여성을 혐오하는 것이 아니라, 여자도 그런다는 거예요. 왜 여자가 같은 여자를 혐오할까, 참 이상하지요? 이걸 얼핏 보고 '그러니까 여자들이 문제야.'라는 식으로 생각하는 사람도 있어요. 그러나 이런 생각은 빙산의 일각만 보는 거예요. '빙산의 일각'이라는 말은 전체에서 십 분의 일밖에 보이지 않고 나머지는 표면 밑으로 가려져 안 보인다는 의미로, 일부분만 보고 판단해 버리는 경우를 빗대어 이야기하지요. 그러니까 어떠한 상황에 처했을 때 겉으로 보이는 것만 보지 말고, 오히려 보이지 않는 부분을 더 생각해 보아야 한다는 의미예요. 바로 그러한 관점에서 여성이 왜 여성 혐오를 하게 되는지, 숨겨진 부분을 살펴보지요.

남자가 여자보다 우월하다고 생각하는 사회, 어려운 말로 '가부장적 사회'라고 하지요. 가부장적 사회에서는 대부분의 중요한 일을 남자가 하고 있어요. 신문이나 텔레비전에 중요한 사람으로 나오는 사진들을 보면 거의 남자일 거예요. 그러니까 남자가 늘 중심이 되는 사회에서 태어나 자라고 학교에 가고 일하며 살아가는 사람은 누구든지, 어릴 때부터 여자보다 '어쨌든' 남자가 더 낫다고 여기게 돼요. 여자가 남자보다 모든 면에서 부족하고

서툰 것이 당연하다고 생각하지요. 이런 것을 조금 어려운 말로 '여성 혐오의 내면화'라고 해요.

집 안이나 집 밖, 교과서나 동화, 텔레비전 드라마나 영화, 예능 프로그램, 광고, 웹툰 등 우리가 맨날 보고 배우는 것들 속에 여성 혐오가 보이게 또는 보이지 않게 자리 잡고 있어요. 남자뿐 아니라 여자도, 여자가 남자보다 못나고 또 뭔가 나쁜 일을 일으키는 위험한 사람이라고 생각하게 되는 것이지요.

오늘 나미와 재원이가 중요한 질문을 해서 선생님 기분이 참 좋아요. 왜냐하면, 어떨 때는 좋은 질문이 해답보다 중요하거든요. 좋은 질문은 여러분이 두고두고 그 질문과 관계된 것을 생각하게 하는 '신나는 초대장'과 같답니다. 자, 그럼 다음 시간에 여성 혐오에 대한 이야기를 좀 더 나누어 보아요.

수업을 마치고 집으로 돌아가는 길, 나미와 재원이는 서로 쳐다보며 웃었어요.

"궁금증이 풀리니까 기분이 참 좋아. 선생님께 물어보길 잘한 것 같아."

"인정! 안 했으면 후회할 뻔!"

 **2. 남자뿐 아니라 여자도 여자를 싫어해**

교실로 걸어가던 나미와 재원이가 서로 마주 보며 웃었어요.
"오늘도 선생님이 흥미로운 이야기를 들려주실 거야. 어서 가자!"
둘은 선생님을 만나러 총총 뛰어갔어요.

자, 오늘은 역사 이야기부터 시작해 볼게요. 오래전 중세 유럽에서 500여 년 동안 지속된 '마녀 화형' 또는 '마녀사냥'이라고 불린 사건이 있었어요. 마녀 화형은 여성 혐오가 빚어낸 끔찍한 사건이었지요. 수없이 많은 여자가 마녀로 몰려서 심문을 당하고 화형을 당했지요. 불에 태워 죽여야 속에 있는 나쁜 것들이 없어진다고 생각했기 때문이에요. 적게는 20만 명에서 많게는 900만 명이 죽었다는 주장이 있으니, 정확하게 몇 명이 마녀로 몰려서 죽었는지 알 길이 없어요. 그렇지만 엄청난 수의 여자들이 마녀로 몰렸다는 것은 분명해요.

정말로 그 여자들이 나쁜 일을 했을까요? 아니에요. 다른 여자들과 조금만 다르거나, '여자답지 않은 여자'들은 동네에서 마녀로 몰렸고, 심지어 동네에 좋지 않은 일이 일어나도 마녀로 몰아갔어요. 수많은 여자가 억울하게 목숨을 잃었어요.

그런데 여러분, '마남'이라는 단어를 들어 본 적 있나요? 아무도 없을 거예요. 마남이라는 단어는 없으니까요. 왜 없을까요? 여자들만 나쁜 일을 하고, 남자들은 나쁜 일을 하지 않아서일까요? 조금만 생각하면 그 이유를 금세 알 수 있어요. 여자들을 마녀로 모는 문서를 만들고, 잡아서 심문하고, 화형에 처해지게 한 사람들은 힘이 있는 남자들이었거든요. 여자들이 남자를 마남으로 몰아서 해를 입힌 경우는 없었어요. 그러니 마남이라는 단어도 없고 '마남 화형'이라는 역사적 사건도 없었던 거지요.

물론 지금은 이렇게 노골적으로 여성 혐오가 일어나는 것 같지는 않아요. 그렇지만, 여전히 여자들을 남자보다 못났으니까 함부로 대하거나 또는 나쁜 사람으로 모는 경우가 참 많아요. 예를 들어, 학급에서 회장이나 부회장을 뽑을 때를 생각해 볼까요?

임원을 뽑을 때는 후보로 나온 사람들이 일을 잘할지를 먼저 보아야 하지요. 그런데 남자인가 여자인가를 먼저 보고서 남자는 회장, 여자는 부회장을 하는 게 자연스럽다고 여겨요. 함께 이야기하거나 놀다가도, 툭하면 "여자애가 뭘 안다고 그래!" 또는 "넌 여자애가 왜 그러니?" 하고 여자를 무시하는 친구들이 있어요. 여자는 만만하니까 함부로 막 대할 수 있다고 생각하고, 주먹을 휘두르거나 밀치는 사람도 많지요. 똑같이 잘못해도, 남자가 잘못하면 "뭐 그럴 수도 있지."라고 하지만, 여자가 잘못하면 "역시 여자는 문제야."라고 말하곤 해요. 이 모든 것이 여성 혐오랍니다. 여자는 '어쨌든' 남자보다 못나서 함부로 대해도 되고, 무슨 일을 해도 남자가 더 낫다고 생각하는 거니까요.

 남자와 여자가 똑같이 평등한 사람이라는 것을 분명히 아는 사람이 되어야 해요. 그 누구도 다른 사람을 업신여기거나 함부로 대하는 태도는 옳지 않다는 것을 기억하고, 그렇게 행동하는 사람들이 있으면 하지 말라고 말해 주면 좋겠어요.

 "아, 오늘 선생님께서 말씀해 주신 '마녀 화형' 이야기는 정말 무서웠어, 나미야. 여성 혐오가 그렇게 나쁜 건지 몰랐네."
 "마녀 화형이라니, 말도 안 되는 끔찍한 일이야."
 수업을 마친 재원이와 나미는 한참 동안 여성 혐오에 대한 이야기를 나누었답니다.

3. 혐오의 수많은 얼굴들

오늘은 '여성 혐오'에 대해 이야기하는 세 번째 시간이에요. '여성 혐오'는 수천 가지의 얼굴을 가지고 아주 옛날부터 지금까지 진행되고 있어요. 한두 가지로만 나타나면 알아차리기가 쉬운데, 셀 수 없이 많은 얼굴을 하고 있어서 바로 찾아내기가 참 어려워요.

여성 운동이 미국에서 처음 시작되었을 때, 여자들이 제일 먼저 찾고 싶어 한 것은 두 가지였어요. 하나는 남자와 마찬가지로 정치에 참여하는 '투표할 수 있는 권리'를 가지는 것이었어요. 그리고 다른 하나는 여자도 남자와 같이 똑같이 공부할 수 있는 '교육을 받을 권리'였지요.

옛날에 서당이 있을 때, 양반 계급의 남자들만 서당에서 공부할 수 있었지요. 여자나 천인 계급의 남자는 서당

에서 공부하지 못하게 했어요.

우리나라만 그랬던 것은 아니에요. 외국의 경우도 크게 다를 게 없었지요. 미국은 어떠했는지 살펴볼까요? 미국에 있는 '하버드 대학교'는 이름만으로도 익숙할 만큼 세계적으로 유명한 곳이지요? 하버드 대학교는 1636년에 설립되었는데 처음엔 남자들만 입학할 수 있었어요. 여자들의 입학이 허용된 것은 그로부터 243년이 지난 1879년이었어요.

또, 미국에는 대학을 졸업하고 대학원에서만 공부할 수 있는 세 개의 분야가 있어요. 신학, 법학, 그리고 의과대학원이지요. 그 세 분야를 가르치는 학교에 여자들이 입학할 수 있기까지는 훨씬 더 오랜 시간이 걸렸답니다. 왜 그런지 알아요? 이 세 분야의 공통된 점은 사람의 생명을 다룬다는 것이에요. 그 어떤 분야보다 중요하기 때문에 성숙한 사람들만이 공부해야 한다고 생각한 것이지요. 이게 무엇을 의미하는지 짐작이 가나요? 여자는 남

자보다 열등해서 언제나 미성숙한 사람들이니, 성숙한 남자들만 공부해야 한다고 여겼던 거예요. 하버드 대학교에서 의과대학원은 1945년, 법학대학원은 1950년, 그리고 신학대학원은 1955년에 비로소 여자들에게도 입학이 허용되었답니다.

이런 차별의 근거가 되고, 차별을 당연한 것처럼 받아들이게 하는 게 '여성 혐오 사상'이에요. 여성 혐오는 마녀재판, 여자에게 폭력을 가하고 함부로 무시하는 것, 남자가 하는 일을 여자에게는 못하게 하는 것과 같이 눈에 보이게 나타나기도 하고, 눈에 보이지 않는 형태로 나타나기도 해요.

이제 지금까지 나눈 여성 혐오에 관한 이야기를 정리해 봅시다. 첫째, 여성 혐오는 여자는 남자보다 '열등한 사람'이고, 또한 남자를 위험에 빠뜨리곤 하는 '위험한 사람'이라고 생각하는 거예요. 둘째, 그런 여성 혐오는 남자만 하는 것이 아니에요. 여자도 다른 여자를 보면서 '아무튼 여자보다는 남자가 더 믿을 만해.'라고 생각하기도 하지요. 여자가 반장이나 회장과 같이 어떤 중요한 역할을 하려고 할 때, 또는 중요한 의견을 낼 때, 여자라서 괜히 못 믿고 무시하기도 하고요. 이것도 여성 혐오랍니다. 셋째, 여성 혐오는 우리가 알아차릴 수 있는 '보이는 여성 혐오'와 전혀 알아차리지 못하지만 남자와 여자의 차별을 아주 당연하게 생각하게 하는 '보이지 않는 여성 혐오'가 있다는 것이에요. 앞서 '차별'에 대해 이야기할 때 '보이는 차별'과 '보이지 않는 차별'을 알아본 것처럼, 혐오도 마찬가지예요. 눈에 보이는 모습을 가지고 혐오하고 멸시하는 태도, 관습적으로 사회 깊숙이 자리 잡아 더욱 고질적이고 위험한 방식으로 혐오의 감정을 드러내는 태도가 있어요.

여성 혐오는 우리 사회에 나쁜 관계들을 퍼지게 하는, 이를테면 질병 같다고 할 수 있어요. 병에 걸렸으면 왜 그 병에 걸렸는지 알아보고, 그 병을 고치려고 해야겠지요? 여성 혐오라는 이름의 병을 고칠 수 있도록 우리 모두 열심히 배우고 실천하면 좋겠어요.

"와, 여성 혐오가 이렇게 무서운 거구나, 나미야."
"그러게, 아무것도 아닌 것처럼 슬며시 여성 혐오가 일어날 수 있다는 것도 정말 놀라워. 여성 혐오든 뭐든, 혐오는 정말 나쁘니 하지 말자, 재원아."
나미와 재원이는 여성 혐오에 대하여 배운 것이 정말 다행이라고 생각하며 집으로 향했어요.

7장
'젠더'라는 말, 무슨 뜻이에요?

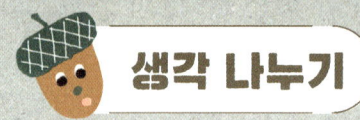

'성별'과 다른 의미인가요?

우리는 '여자와 남자'라고 말하기도 하고 '여성과 남성'이라고 말하기도 해요. 이 말들에 어떤 차이가 있는지 궁금한가요? 예를 들어 볼게요. 갓 태어난 아기를 보고 "여자아이에요." 혹은 "남자아이에요."라고 말하지요? 이것이 바로 생물학적 분류, 즉 성별(sex)이에요. 한편 여성, 남성은 사회학적 분류로 쓰는 표현이에요. 여자와 남자를 사회학적으로 분류한다니, 이게 대체 무슨 뜻일까요? 이번 장에서는 이 이야기를 자세히 다룰 거예요.

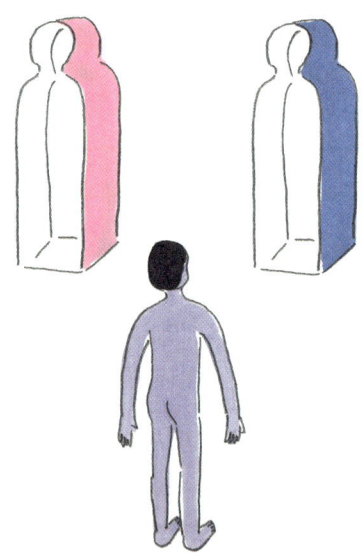

1. 저마다 생김새가 다르고
성격이 다른 것처럼

"나미야, 너 '젠더'라는 말 들어 봤어?"

재원이가 학교 가는 길에 나미에게 물었어요.

"응? 보드 게임 '젠가' 말하는 건 아니지?"

당황스러운 표정의 재원이를 바라보며 나미가 키득 웃었어요.

"농담이야, 농담!"

"아. 어떤 국회의원이 여성 문제 관련 모임에 가서 태연한 얼굴로 젠더가 뭔지 모른다고 말했대. 그래서 사람들이 더더욱 실망했다는데, 사실은 나도 그게 뭔지 잘 모르거든. 한국말이면 짐작이라도 할 텐데……. 영어라서 완전 모르겠어. 왜 사람들은 한국말로 말하지 않고 영어로 쓸까? 그래서 더 어려운 것 같아."

재원이가 나미에게 말했어요. 그 말을 들으며 나미도 고개를 갸우뚱거렸어요.

"그러게. 나도 젠더가 뭔지 진짜 궁금했거든. 우리 오늘 선생님께 여쭤보자."

나미와 재원이는 수업 시간에 선생님께 물어보기로 했어요.

그래요. '젠더'라는 말은 영어예요. 사전을 보면, 생물학적으로 여자와 남자를 가리키는 말인 '섹스(sex)'와 마찬가지로 '젠더(gender)'도 '성, 성별'이라고 나와 있어요. 이상하죠? 이미 여자와 남자를 가리키는 '성별'이라는 말이 있는데, 왜 '젠더'라는 말이 또 필요한 걸까요? 동물을 암컷과 수컷으로 구분하는 것처럼 사람도 여자(female)와 남자(male)로 나눠요. 여자와 남자는 염색체가 다르고 신체의 생김새도 다르지요. 여자와 남자의 몸이 서로 다르다는 건, 세계 어디에서나 옛날이나 지금이나 변하지 않는 사실이에요. 암컷 동물만이, 여자 사람만이 임신하고 아기를 낳을 수 있는 것도 마찬가지고요.

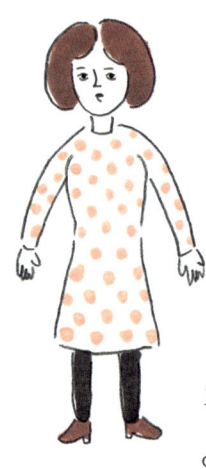
그런데 사람들이 여성과 남성에게 기대하는 것은 어떨까요? 여자의 행동과 남자의 행동이 정해져 있는 걸까요? 아니에요. '여자답다' 또는 '남자답다'라고 말할 때, 여자다운 것과 남자다운 것은 고정되어 있지 않아요. 어느 나라, 어떤 사회에 사는지 또는 어느 시대에 사는지에 따라서 여자와 남자에게 기대하는 행동은 달라요. 이렇게 사회문화적으로 구분하는 남성과 여성을 나타내기 위해서 젠더라는 말이 나왔답니다.

프랑스의 철학자이자 소설가인 시몬 드 보부아르(Simone de Beauvoir)는 1949년에 『제2의 성(Le Deuxième Sexe)』이라는 책을 썼어요. 이 책은 프랑스에서 출간되자마자 일주일 만에 2만 2천 권이 팔렸다고 해요. 지금도 일주일에 그 정도가 팔리는 것은 쉽지 않아요. 그런데 인터넷도 없던 시절에 한 권의 책이 이렇게 단숨에 많이 팔리다니, 정말 굉장한 사건이에요.
이 책은 40개 이상의 언어로 번역되었답니다.
페미니즘을 공부하는 사람들은 꼭 읽어야 하는
책이라고 해요.

드 보부아르는 『제2의 성』에서 "여자는 태어나는
것이 아니라, 만들어진다."라는 말을 했답니다.
이 말은 "남자는 태어나는 것이 아니라, 만들어진다."라고 바꾸어
도 전혀 틀리지 않아요. 아니, 도대체 무슨 말이냐고요? '남자답
다'는 말이나 '여자답다'는 말은 태어날 때부터 그렇게 정해진 게
아니라는 거예요. 예를 들어 '여자는 조용하고 얌전해야' 하고,
'남자는 용감하고 씩씩해야' 한다고 하지요. 태어날 때부터 이러
한 특성이 있는 게 아니라, 자라면서 '만들어진다'는 뜻이에요.

여자와 남자라는 성은 변하지 않지만, 젠더는 사회와 시대에

따라서 변해요. 그래서 젠더라는 말을 이해하는 것이 아주 중요해요. 성별이 여자 또는 남자라고 해서, 모든 남자가 '남자답게' 그리고 모든 여자가 '여자답게' 똑같이 행동하고 생각하는 게 아니라는 사실을 잘 기억해야 해요. 여자든 남자든 사람은 저마다 각기 다른 얼굴과 개성을 지닌 '사람'이라는 것이 더 중요하거든요. 다음 시간에는 젠더에 대하여 좀 더 구체적인 이야기를 나누도록 해요.

"와! 여자든 남자든 태어나는 것이 아니라 만들어진다는 얘기, 완전 놀랍다, 나미야."

"그러게. 그러니까 사람들이 내게 '여자답지 않다'고 하는 것도 젠더라는 말과 연결되는 거네. 재원아, 우리는 남자답고 여자답고 이런 거 말고, 그냥 재원과 나미로 살면 돼. 그치?"

"맞아. 우리 꼬옥 그렇게 지내자, 나미야."

둘은 서로를 밀어 주는 좋은 친구가 되자고 약속했어요.

2. 생물학적 성별과 사회적 성별의 차이

지난 시간에 이어, 젠더가 무엇인지 조금 더 이야기해 볼게요. 생물학적으로 구분되는 여자와 남자를 '성'이라고 했어요. 젠더는 사회문화적 구분으로서의 여성과 남성을 지칭하는 것이라고 했고요. 예를 들어 사람들은 종종 여자는 수동적이고 감정적이고 얌전해야 한다고 생각해요. 반면, 남자는 적극적이고 이성적이고 활동적이어야 한다고 하지요. 아기일 때도 여자에게는 주로 분홍색 옷을 입히고 남자에게는 대개 파란색 계열의 옷을 입혀요. 남자아이들은 전쟁놀이를 하는 것이 '남자다운 것,' 여자아이들은 소꿉장난과 같은 놀이를 하는 것이 '여자다운 것'이라고 말하곤 해요. 커서도 남자가 하는 일과 여자가 하는 일이 구분된다고 보는 사람이 많아요.

생물학적으로 여자와 남자가 다르다고 해서, 사회적으로 여자

와 남자의 행동이나 하는 일이 달라야 할까요? 아니에요. 생물학적으로 고정된 남자와 여자의 '차이'를 가지고, '여자다운 일' 또는 '남자다운 일'이 따로 있다고 생각하면서 그 사람이 하고 싶어 하는 일을 못하게 하는 것이 바로 '성차별'이에요.

'수학자, 과학자, 정치가, 의사, 법률가, 사업가, 종교 지도자, 우주 비행사, 기자, 교수, 농부, 작가'라는 직업을 가진 사람이 있다고 해 봅시다. 자, 여러분은 이 사람이 남자일 것 같나요? 여자일 것 같나요?

많은 이들이 이런 직업을 가진 사람은 남자일 거라고 생각해요. 남자는 밖에 나가서 일하는 사람, 여자는 아이를 기르고 집안일이나 하는 사람이라는 생각이 사회문화적으로 여전히 고정되어 있기 때문이에요. 그래서 이런 일을 여자가 하면, '여기자, 여교수, 여의사, 여류 작가, 여자 국회의원' 등 남자에게는 붙이지 않는 생물학적 표지를 붙여요. 남자가 하면 자연스럽지만, 여자가 하면 특별한 경우라고 여기고 '여자'라는 것을 밝히는 거예요. 많은 신문과 방송에서 여전히 이렇게 쓰는데, 한국 사회가 여전히 여성과 남성을 차별하고 있음을 나타내는 셈이에요.

앞서 차별에 관해 이야기할 때도 예를 들었지만, 사우디아라비아에서는 이제까지 여자에게 금지하던 운전을 2018년 6월부터 허용하기 시작했어요. 한국에 사는 여러분은 "여자라고 운전을 못하게 한다는 게 말이 돼?"라고 하겠지요? 그런데 이른바 선진국이라고 하는 나라에서도 여자에게 차 운전은 물론이고 자전거를 타는 것도 절대로 안 된다고 하던 때가 있었답니다. 지금은 여성 운전자는 물론 우주 비행사도 있지만 말이에요.

자, 그렇다면 요즘은 여자와 남자의 생물학적 차이를 가지고 사회적 차별을 당연하게 여기는 게 사라졌을까요? 유감스럽게도, 아직도 크고 작은 차별, 보이거나 보이지 않는 차별이 곳곳에 있어요. 자막이 있는 영화를 볼 때 한번 주의 깊게 봐 보세요. 남편은 부인에게 반말을, 부인은 남편에게 존댓말을 하는 경우가 많을걸요. 영어 대사에서는 부부 사이에 그런 차이가 없는데 그렇게 번역한 거예요. 드라마에서도 남편은 부인에게 반말, 부인은 남편에게 존댓말을 해요. 아주 사소한 것 같지만, 한국 사회에서 여자와 남자의 위치를 드러내는 거예요. 남자는 높고 여자는 낮게 여기는 거지요.

이렇게 생물학적 '성'과는 별개로 사회적 성별인 '젠더'라는 말을 통해서, 생물학적으로 다른 남자와 여자가, 어떻게 사회적으로 각기 다른 행동과 역할을 하도록 만드는가를 들여다볼 수 있어요. 자, 다음 시간에 다시 젠더 이야기를 이어 가도록 해요.

3. 여자와 남자 두 종류만이 아니라고?: 간성과 트랜스젠더

　오늘은 우리가 흔히 생각하는 남성과 여성이라는 젠더의 범위를 조금 넓혀서 이야기해 보려고 해요. 낯선 주제라서 조금 어려울 수도 있어요. 하지만 중요한 거니까, 귀 기울여 들어 주세요. 오늘 소개해 줄 두 가지는, '간성(intersex)' 그리고 '트랜스젠더'라는 말이에요.

　간성, 처음 들어 보는 말이지요? 우리는 흔히 이 세상에 '여자'와 '남자' 두 종류의 사람만 있다고 생각해요. 그런데 정말 그럴까요? 아니에요. 어떤 사람은 남자와 여자의 신체적 특성을 다르게 또는 모두 지닌 채로 태어난다고 해요. 무슨 말이냐 하면, 한 사람이 남자와 여자의 생식기를 모두 가지고 있거나, 또는 염색체는 남자인데 생식기는 여자라든지, 반대로 염색체는 여자인데 생식기는 남자로 태어나는 사람이 있다는 거예요. 이렇게 태어난 사람은 흔히 생각하는 남자 여자로 구분하기 어렵지요. 그래서 이들을 인정하는 뜻에서 제3의 성인 간성이라는 말이 생겼어요.

한국은 출생신고를 하거나 주민등록증을 만들 때 여자 또는 남자만 적게 되어 있고, 법적으로 간성을 인정하지 않아요. 그렇지만 호주, 캐나다, 덴마크, 아일랜드, 태국 그리고 미국의 일부 주에서는 법적으로 간성을 있는 그대로 인정하고 있어요. 독일도 곧 그렇게 한다고 해요.

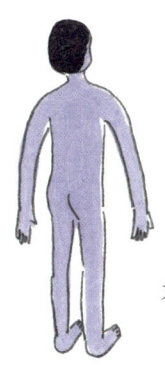

다음으로 이야기할 것은 트랜스젠더예요. 트랜스젠더는 간성과 달라요. 간성은 태어날 때 발견된 차이에 의한 것이니 생물학적 성별(sex)에 관한 것이지요. 반면 트랜스젠더는 사회적인 성별, 즉 젠더(gender)에 관한 거예요. 어떤 사람은 태어날 때 지정된 남자 또는 여자로 살아가는 데 크게 불편을 느끼기도 해요. 너무 힘들어서 자신에게 지정된 성을 다른 성으로 바꾸고 싶어 하죠. 트랜스젠더란, 태어날 때 정해진 성별·성별 역할·성별 정체성과 자기 스스로 편하게 생각하는 성별이 다른 사람을 말해요.

예를 들면, 출생신고는 남성으로 했지만 그 성별로 사는 게 너무나 맞지 않고 힘들고 불행해서 성별을 바꾸어서 살고자 해요. 약물 치료와 수술을 거치기도 하고 아무런 치료를 받지 않는 경우도 있다고 해요. 자신에게 맞는다고 생각하는 성별로 바꾸는 거예요. '아휴, 왜 그렇게까지 해야 해?'라는 생각이 들 수도 있어요.

이렇게 생각해 보면 어떨까요? 누구보다 직접 겪고 있는 본인

이 제일 힘들 거예요. 하지만 이런 힘든 과정을 다 감수하면서 자기에게 맞는다고 생각하는 젠더로 바꾸고 싶은 거예요. 민주주의 사회에 살아가는 우리는, 다르게 태어나거나 살아가는 사람 모두를 고귀하게 여겨야 해요. 나와 다른 사람은 이상한 사람이나 병든 사람이 아니에요. 단지 다를 뿐이지요. 서로의 다름을 그대로 인정하고 존중해야 모든 사람이 자유롭고 평등하게 살아가는 세상이 된답니다. 다양한 성과 젠더를 지닌 사람을 모두 존중하는 뜻에서 '성 중립 화장실'을 만드는 것처럼요. 자, 지금부터 나와 다른 사람들이라도 이상하게 보거나 놀리지 말고, 서로 친구로 대하는 연습을 해 볼까요?

"재원아, 나는 간성이나 트랜스젠더가 뭔지 오늘 처음 배웠어. 텔레비전에서 트랜스젠더라는 말을 들은 적은 있는데, 그게 뭔지는 잘 몰랐거든."

나미가 진지한 표정으로 이야기했어요.

"나도 처음이야. 실제로 그런 사람들은 얼마나 힘들까. 다른 사람들이 사람 취급 안 하고 그러면 정말 너무 힘들 것 같아. 우리 그런 사람들 만나면 친구처럼 대하자, 나미야."

"그래. 좋은 생각이야. 역시 너는 멋진 친구야, 재원아!"

8장

양성평등과 성평등은
다른가요?

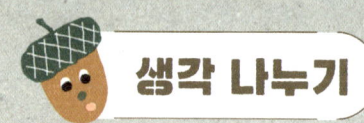 생각 나누기

왜 '성평등'이라는 말을 꺼리는 거죠?

여자 남자 모두 평등하다는 의미로 '남녀평등' 대신 '양성평등'이라 부르기 시작했는데, 이 말에는 모순이 있어요. 간성이나 트랜스젠더처럼 남자와 여자 말고도 생물학적이든 사회문화적이든 제3의 성이 존재하는데 단지 두 가지 성만 평등해서는 안 되잖아요. '성평등'이라는 말은 '양성평등'이라는 말보다 훨씬 넓은 평등을 강조하는 말이에요. 그러니까 '성평등'이라는 말은 여자와 남자만이 아니라 다양한 성정체성을 가진 사람들 모두가 평등하다고 하는 것이지요.

"나미야, 너 어른들이 '양성평등'은 되지만 '성평등'이라는 말은 쓰지 말라고 하는 거 봤어?"

재원이가 학교 가는 길에 나미에게 물었어요.

"응, 텔레비전에서 '양성평등-Yes' '성평등-No'라고 적힌 피켓 들고 소리치는 사람들 봤어. 성평등이라는 말이 동성애를 조장하는 거라 반대한다면서? 그래서 여성가족부에서 결국 양성평등이란 말을 쓰기로 했다던데……. 두 개가 무슨 차이야?"

나미와 재원이는 무척 궁금했어요. 그래서 선생님께 물어보기로 했지요.

나미와 재원이가 오늘 아주 중요한 질문을 했어요. 여러분, '여성가족부'를 영어로 어떻게 쓰는지 아나요? 'Ministry of Gender Equality and Family'예요. 번역하면 '젠더 평등과 가족부'라고 할 수 있지요. 영어와 한글의 표현이 좀 다르다는 걸 알아차렸을 거예요. '젠더 평등'을 '여성'으로 바꾸어 버리면 별안간 문제가 너

무 단순해져요. 왜냐고요? 지난 시간에 우리가 이야기 나눈 것처럼, 젠더에는 여성만이 아니라, 여성과 남성 그리고 트랜스젠더도 있거든요. 그러니까 젠더를 여성 또는 양성으로만 표현하는 건 사실상 맞지 않아요.

양성이란 생물학적으로 여자와 남자만을 뜻하는데, 우리 중에는 생물학적으로 여자와 남자의 모습 모두를 가진 사람도 태어나거든요. 그러니까 양성만 '진짜 사람'이라고 하는 것은 결국 다양한 모습을 가지고 태어난 사람들을 배제하고 사람 취급하지 않으려는 것과 같아요. 간성이나 트랜스젠더도 같은 사람인데, 마치 없는 사람처럼 대하면 안 되지요.

재원이와 나미가 봤던 사람들은, 여성가족부에서 정책을 만들거나 홍보할 때 성평등이라고 하지 말고 양성평등이라는 말만 쓰라고 주장하고 있어요. 여기에서 성평등이 '젠더 평등(gender equality)'을 의미하든 또는 '성적 평등(sexual equality)'을 의미하든 사실 단어 선택의 문제가 아니에요. 그 어른들이 단어의 뜻을 정확하게 밝혀 쓰기 위해 그렇게 주장하는 걸까요? 아니요. 그들은 그저 성별이 같은 사람을 사랑하는 동성애를 무조건 나쁜 것으로 여기고 반대하는 거예요.

처음 페미니즘이 나왔을 때는 전통적으로 여자-남자 문제에만 신경을 썼어요. 긴급한 문제이기도 했고, 다른 성에 대한 이해도 별로 없었던 때여서 여성들이 받는 차별 문제를 가장 먼저 생각했지요. 요즘 페미니즘은 이런저런 이유로 차별받고 배제당하는 사람들의 목소리까지 담아야 해요. 여자-남자만이 아니라 장애인-비장애인, 부자-가난한 자, 이성애자-동성애자 등의 문제도 귀 기울여야 하지요.

사람은 각기 다른 조건들 속에서 태어나요. 그러니까 여성이라고 해도 장애인인가 비장애인인가, 부자인가 가난한가, 이성애자인가 동성애자인가 등에 따라서 매우 다르게 취급되거든요. 페미니즘은 이러한 복잡한 문제들을 그냥 지나치지 않아요. 한꺼번에 생각해야 하지만, 그렇다고 서두를 필요는 없어요. 차근차근 나무가 아닌 숲을 보는 태도를 지니면 될 거예요.

국가의 정책 등을 담은 문서에서 양성평등이라는 말만 쓰라고 하는 게, 결국 어떤 사람을 차별하고 배제하는 것인지, 조금 이해가 되었나요? 평등한 세상을 만들기 위해서는 어떤 단어를 선택해서 쓸 것인가도 세심하게 배우고 생각해야 한답니다.

9장
여자와 남자는 달라야 하나요?

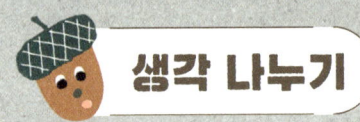 **생각 나누기**

서로 다른 것을, 왜 존중하지 않을까요?

우리는 저마다 다른 몸의 생김새를 가지고 태어나요. 여자의 몸으로 태어난다고 해서 모든 여자가 똑같아지는 것은 아니에요. 남자의 경우도 마찬가지고요. 남자 또는 여자이기 이전에 모두가 서로 다른 하나의 '사람'이에요. 자신이 좋아하는 것, 하고 싶은 것을 할 자유가 있어야 하지요. 이번 장에서는 '다름을 다름으로 받아들이고 존중하는 태도'에 대해 이야기해 보아요.

1. 차이가 차별이 될 때

"오늘 할머니가 나보고 여자답지 않다고 하셨어. 내가 소꿉놀이나 인형 놀이를 싫어하고 레고랑 자동차 가지고 노는 거 좋아한다고. 재원이 너도 내가 여자답지 않은 거 같아?"

나미가 재원에게 물었어요.

"아니! 넌 내 친구 나미야. 난 네가 하고 싶은 대로 하는 게 좋아. 나도 가끔 그런 소리 들어. 슬픈 영화를 보거나 속상한 일이 있으면 눈물이 나는데, 그러면 남자는 우는 거 아니라고, 사내답지 않다고 해. 완전 싫어. 울고 싶은데 내 맘대로 울지도 못하다니!"

재원이도 나미의 속상한 기분을 잘 이해할 수 있었어요.

"도대체 여자와 남자는 왜 그렇게 달라야 하는 거야?"

남자와 여자는 몸이 다르게 생겼으니 행동이나 좋아하는 것이 달라야 한다고 생각하는 사람이 많아요. 그런데 이 말은 반은 맞는 것 같은데, 나머지 반은 맞지 않아요. 태어날 때 여자와 남자로 다르게 태어난다고 해도, 모든 여자나 남자가 똑같이 생각하고 행동하는 것이 아니거든요.

  여자와 남자의 생물학적인 차이를 가지고 행동을 제한하고, 하고 싶은 일을 못하게 하는 건 차별이지요. 남자라서 못하게 하고, 여자라서 못하게 한다면 그게 바로 성차별이에요. 생물학적 차이가, 우리가 하고 싶은 일을 못하게 하는 이유가 되어서는 안 돼요. 그래서 남자와 여자는 '평등하지만 다르다.'는 주장이 맞는 것 같지만 위험한 생각이에요. 왜냐하면, 바로 반쪽 사실(생물학적 차이)을 가지고 나머지 반쪽(남자와 여자가 하는 일이 달라야 한다)도 맞다고 주장하기 때문이지요.

  조금 어렵게 들리지요? 예를 들어 볼게요. 결혼하고 아기를 낳은 여자 사람이 있어요. 그런데 그전부터 하고 싶었던 일이 있어요. 대학원에 가서 공부를 계속하는 거예요. 그래서 어느 날 가족들에게 대학원에 들어갈 시험 준비를 하겠다고 했어요. 그랬더니, 양쪽 집안의 부모님 모두 "아니, 여자가 결혼하고 애 낳았으면 집에서 애 기르고 남편 뒷바라지 해야지! 무슨 공부야?" 하면서 야단을 쳤어요. 그래서 "남편이 대학원 갈 때는 등록금도 보태 주셨으면서, 내가 가려고 하니 왜 이렇게 반대하시는 거죠? 그건 차별이에요."라고 했어요. 그랬더니 약속이나 한 듯 모두 입을 모아 "물론 너나 네 남편이나 평등해. 그렇지만 해야 하는 일이 다른 거야. 남자는 남자 할 일이 따로 있고, 여자는 여자 할 일이 따로 있거든." 이러셨어요.

자, 이런 것이 "평등하지만 달라."라는 주장이 담고 있는 함정이에요. 애초에 "불평등해."라고 하면 금세 알아차릴 수 있는데, "물론 평등해. 그렇지만 달라."라고 하면 '평등하다'고 인정하는 그 말 때문에 그다음을 반박하기 힘들거든요. 차이를 주장하면서, 차별을 당연하게 생각하게 만드는 거예요. 여러분은 차이가 차별을 주장하는 이유가 되어서는 안 된다는 걸 분명하게 기억하면 좋겠어요.

 여자와 남자에 관한 것 중에 아주 당연하게 여겨지는 것들이 있지요? 하지만 사실은 그렇지 않은 게 많아요. 페미니즘은 당연하다고 여기는 것에 "왜?"라는 물음표를 던지는 것이기도 해요. 예를 들어 볼게요. 지난 시간에 젠더에 대해 말하면서 '분홍색 옷과 파란색 옷' 이야기를 나누었던 것 기억하지요? 사람들은 여자가 태어나면 분홍색 옷을, 남자가 태어나면 파란색 옷을 주로 입힌다고 했지요. 이에 관해 좀 더 생각해 보기로 해요. 왜 여자는 분홍색, 남자는 파란색을 입는 걸까요? 우리가 모르는 굉장한 비밀이라도 있는 걸까요?

어린이 옷 연구만 30년을 한 미국 메릴랜드 대학교의 교수이자 역사학자인 파올레티(Jo B. Paoletti)가 쓴 책을 보면 오랫동안 사람들은 아기에게 하얀색의 옷을 주로 입혔다고 해요. 왜냐하면 흰 면 옷은 뭔가 묻었을 때 쉽게 삶을 수 있으니까요. 지금처럼 아기의 성별에 따라 분홍색과 파란색을 정해서 입히는 생각은 19세기 중반에 나왔어요. 제1차 세계 대전 전까지는 이 두 색이 남자 아기용 여자 아기용으로 정해지지는 않았어요. 뒤에 옷을 만들어 파는 이들이 많아지면서, 옷 색깔이 남자아이용과 여자아이용으로 나뉘게 되었지요.

재미있는 것은, 처음에는 지금과 달리 남자 아기에게 분홍색, 여자 아기에게 파란색을 입혔다는 사실이에요. 지금처럼 남자는 파란색, 여자는 분홍색이라는 것이 고정되기 시작한 것은 1940년대가 지나면서예요. 옷을 만들어 파는 사람들이 여자는 분홍색, 남자는 파란색이라는 것을 마치 당연한 것처럼 여기고 옷을 만들어 판 뒤부터지요. 그런데 왜 옷 색깔 이야기를 자꾸 하느냐고요? 옷 이야기는 아주 사소한 것 같지만 여자와 남자에 관한 다른 이야기들과도 중요하게 연결되어 있기 때문이에요. 우리 다음 시간에 이어서 이야기를 나눠 보도록 해요.

"여자와 남자가 다르다는 차이가 차별로 은근슬쩍 이어진다는 것이 정말 놀라워, 나미야."
"맞아. 재원아. 맨날 남자와 여자는 다르다면서 여기저기서 여자들을 차별하는 것을 당연하게 생각했으니 말이야. 근데 옷 이야기가 왜 중요한지는 아직도 잘 모르겠어. 다음 시간이 정말 기다려져."

 ## 2. "원래 그래."는 없어

"재원아, 생각해 보면 남자와 여자의 차이가 차별로 이어지는 게 옷 색깔만은 아닌 것 같아."

"그치? 나도 어제 자기 전에 누워서 그런 생각을 했어, 나미야. 남자가 귀고리나 반지를 낄 수도 있고, 머리를 길게 기르거나 파마도 할 수 있는데 반 아이들 중에는 그런 남자를 보고 '여자 같다'고 막 놀리고 비웃는 애들이 많잖아."

"아, 정말 모르는 것투성이야! 원래 그냥 그렇다고 생각해 온 것들이 다 아닌 건가?"

그래요. 나미와 재원이처럼, 우리는 아주 오랫동안 그 이유를 생각해 보지 않고 지내 왔어요. 왜 여자 아기에게 분홍색 옷을, 남자 아기에게 푸른색 옷을 입히는지에 대해서요. 아마도 많은 사람이 "원래 그랬던 거 아니에요?"라고 답할 거예요. 옷 색깔에만 해당되는 이야기가 아니에요. 왜 치마는 여자만 입는지, 집안일을 여자가 주로 하는 이유가 무엇인지 물어보면 비슷한 대답이 돌아올 거예요.

그런데 여러분, 우리가 모르는 게 하나 있어요. 이 세상에 일어나고 있는 일 중에 원래 그런 것은 거의 없답니다. 페미니즘은 "원래 그런 건 없어."라고 말하면서, 누구든지 자기가 하고 싶은 일을 하면서 모두 평등하게 살자고 하는 것이에요. 여자든 남자든 트랜스젠더든 결국 모든 이가 '인간'이라는 사실이 가장 중요하니까요.

그런데도 "원래 그래."라고 말하는 사람들은 어떻게 대하는 것이

좋을까요? 2018년 5월 19일 영국 해리 왕자와 결혼한 메건 마클(Meghan Markle)의 이야기에서, 힌트를 찾아봅시다. 마클이 열한 살 때 있었던 일이에요. 텔레비전을 보고 있던 마클은 문득 식기 세척제 광고에서 "미국의 모든 여성은 기름이 잔뜩 낀 냄비와 프라이팬을 닦느라 전쟁을 한다."는 말을 들었어요. '여자들만 부엌에서 그릇과 팬을 닦는 사람이면 안 되잖아.'라는 생각을 했지요. 그러고 나서 얼마 뒤 같은 반 남자아이들이 대화를 나누다가 "맞아, 여자가 있는 곳은 부엌이야."라고 말하는 걸 듣게 되었지요. 마클은 정말 속상하고 화가 났어요.

여러분은 화날 때 어떻게 해요? 불공평한 일을 겪고 화가 나면, 화내고 속상해하기만 하는 것에서 그치기 쉬워요. 화 자체에 빠지면, 자신과 주변 사람에게 짜증만 내게 되니 오히려 자기 자신에게 손해가 될 수 있어요. 화나는 것을 새로운 변화를 가져오는 좋은 기회로 삼아 보는 건 어떨까요? 마클은 그렇게 해 보기로 마음먹었어요. 식기 세척제를 파는 회사에 편지를 썼죠. '미국의 모든 여성은'이라고 한 부분을 '미국의 모든 사람은'으로 바꾸어야 한다고요. 편지를 받은 회사는 한 달 뒤에 그 광고 문구를 마클의 요구대로 바꾸었답니다. 굉장하지요?

'여성(women)'을 '사람(people)'이라고 바꾸는 것은 어떤 차이일까요? 식기 세척제를 여자만 쓴다고 한다면, 설거지는 당연히 여자가 하는 일로 여기기 쉬워요. 하지만 사람이라고 할 때는 여자든 남자든 누구나 설거지를 한다는 생각을 하게 하지요. 여자와 남자가 하는 일을 '원래 그래' 생각하게 만드는 말들이 많아요. 예를 들면, 결혼한 사람이 부인을 '안사람'이라 하고, 남편을 '바깥양반'이라고 해요. 이런 말은 자기도 모르는 사이에 여자는 집안일 하는 사람, 남자는 바깥일을 하는 사람이라고 여기게 만들어요.

원래부터 그런 건 없어요. 사람들이 그렇게 만든 것뿐이지요. 여자와 남자가 하는 일이 고정되어서는 안 된다는 것을 여러분이 분명히 기억하고 있어야 해요. 그래서 누군가가 '원래 그래'라고 하면 마클처럼 당당하게 "원래 그런 건 없어!"라고 외칠 수 있으면 좋겠어요. 그래야 사람들의 생각이 바뀔 테니까요. 아주 작은 문제 같아도 그냥 넘어가지 말고 같이 힘을 모아서 바꿔 봐요.

 ## 3. '젠더 렌즈'가 문제야

"나미야, 여자는 원래 수학이나 과학을 못한다고 하던데, 어떻게 너는 수학도 과학도 잘해?"

재원이가 물었어요.

"나도 몰라. 나는 그냥 그 과목들이 재밌어. 근데 왜 사람들은 자꾸 여자가 잘하는 것과 남자가 잘하는 것이 따로 정해져 있다고 하는 거지? 정말 모르겠어. 선생님께 여쭤보자."

남자와 여자는 각기 다른 몸의 생김새를 가지고 태어나요. 여자 몸으로 태어난다고 해서 좋아하는 것, 하고 싶은 것, 생각하고 행동하는 것에서 모든 여자가 똑같아지는 것은 아니에요. 몸이 어떻게 생겼든지 우리는 남자 또는 여자이기 이전에 한 '사람'이에요. 자신이 좋아하는 것, 하고 싶은 것을 할 자유가 있어야 하지요.

그런데 이런 자유를 무시하고 '여자다운 것' 또는 '남자다운 것'을 고정시키고 모두가 따라야 한다고 하면, 그것이 바로 성차별이에요. 앞에서 이야기한 내용 기억하지요? 세상에는 남자와 여자 두 종류만 있지 않다고 했어요. 우리는 모두 남자, 여자, 또는 간성으로 태어나요. 그렇지만, 모두가 '사람'이에요. 한 명의 '사람'이라는 것은, 각각의 목소리와 생김새가 모두 다르듯 사람마다 각기 다른 성격이나 취향을 가지고 있다는 것을 뜻해요.

사람들은 '여자는 국어를 잘하고 남자는 수학이나 과학을 잘한다.'라고 생각하곤 해요. 그리고 "남자가 여자같이 울면 안 돼."라든가 "여자아이가 무슨 축구야?" 같은 말도 자주 하지요. 이런 것을 '젠더 렌즈'라고 부른답니다. 여기서 '렌즈'라는 말은 마치 색안경을 끼고 보는 것과 같은 의미예요. 노란색 안경을 끼고 사물을 보면 노오란 색으로 보이고 빨간색 알로 된 안경을 끼면 사물이 더 빨갛게 보이지요. 똑같은 일도 남자가 하면 더 잘한 것으로 보이고, 여자가 하면 더 못하다고 생각하는 것을 한마디로 설명하는 용어가 바로 젠더 렌즈예요. 이런 젠더 렌즈에 문제가 많다는 것을 증명하고자 한 사람이 있어요.

미국 스탠포드 대학교 의과대학원에서 교수로 일하고 있는 벤 베어리스(Ben Barres)는 '젠더가 문제라고?(Does Gender Matter?)'라는 제목의 논문을 발표했어요. 이 글은 전통적으로 여자가 남자보다 선천적으로 과학을 잘하지 못한다는 학설이 틀렸다는 연구 결과를 담은 것이랍니다. 여자들이 수학이나 과학을 못하는 것 같은 이유는 선천적으로 능력이 없어서가 아니라, 학교와 가정 그리고 사회에서 사람들이 여자에게 가지는 편견 때문이었어요. 여자들의 능력 개발이 제대로 되지 못했던 거지요. 네 살에서 열여덟 살까지의 남자와 여자 2만 명의 수학 점수를 비교해 보니 젠더 차이가 거의 없다고 해요. 여자들이 과학을 배우는 데 남자들보다 느린 것으로 나타나는 것은, 태어날 때부터 그렇게 태어

나는 것이 아니라는 거지요.

심리학과 교수이자 인지과학자인 버지니아 밸리언(Virginia Valian)은 『여성의 성공 왜 느릴까?(Why So Slow?: The Advancement of Women)』라는 책에서 여자들이 과학을 포함한 거의 모든 전문 영역에서 두각을 드러내지 못하고 남자보다 뒤떨어지는 것에 대한 연구 결과를 발표했어요. 사람들이 여자와 남자를 볼 때 사용하는 '젠더 렌즈'라는 것이 있는데, 여자들에게는 더 불리하게, 남자들에게는 더 유리하게 작동된다는 거예요. 여자들이 어떤 전문적인 일을 하려고 할 때는 이러한 젠더 렌즈가 커다란 방해 요인이 된다는 거지요.

여자들은 연구비를 신청할 때에도 남자들보다 2.5배나 더 잘해야 고려의 대상이 된다고 해요. 남자들이 연구하려고 할 때는 기본적으로 '잘하겠지.'라고 믿는데, 유사한 연구를 여자들이 하

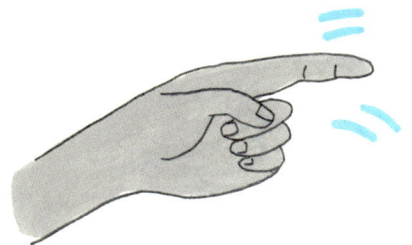

려고 하면 '잘 해내지 못할 거야.'라는 의심과 편견 때문에 여자들은 남자보다 훨씬 많이 '증거'를 보여야 간신히 믿는다는 거지요.

"젠더 렌즈라는 말, 정말 굉장하다, 나미야. 사람들이 남자와 여자에 대해 보고 생각하는 것이 마치 색안경 끼고 보는 것과 다르지 않다는 거잖아."

"그러게 말이야. 사람들이 내게 '너는 왜 여자가 여자답지 않니?' 하는 것도 젠더 렌즈 때문이네. 재원아, 너는 나를 볼 때 그런 젠더 렌즈를 끼고 보지 않을 거지?"

"당연하지. 너는 내 친구 나미야. 그거면 되지 무슨 렌즈가 필요해!"

"나는 이래서 네가 좋아!"

 ## 4. '젠더 렌즈'만이 아니야

"재원아, 지난번에 배운 젠더 렌즈에 대해서 집에 가서 이야기했더니, 할머니께서 '여자라서만이 아니라, 나이 들었다고 사람들이 무시하는 것도 있어.'라고 말씀하시더라고. 그럼 '나이 렌즈' 같은 것도 있나?"

"아, 맞아. 장애를 가진 사람들을 막 무시하는 사람들도 있어. 그럼 그런 것도 장애 렌즈라고 할 수 있을까? 선생님께 물어보자, 나미야."

지난 시간에 '젠더 렌즈'라는 말을 소개했지요? 이미 눈치챘는지 모르겠지만, 젠더 렌즈는 차별과 편견에 대한 이야기랍니다. 우리가 생활하는 거의 모든 곳에서 작동돼요. 우리가 숨 쉬는 데 필요한 공기가 눈에 보이지는 않지만 계속 우리와 함께 있는 것과 마찬가지예요.

여러 가지 연구를 보면 과학, 수학, 스포츠 등 모든 분야에서 여자들에게 얼마나 심한 차별과 편견이 작동되는지를 알 수 있어요. 선천적으로 그렇게 못하도록 태어난 것이 아니라, 후천적으로 사람들이 '여자와 남자는 능력에서 다르다.'고 생각하는 그 편견이, 바로 평생 동안 여자들에게 걸림돌이 되는 것이지요. 그런데 이러한 편견과 차별, 고정관념이 있다는 것을 많은 사람은 인정하지 않아요. 남자들뿐 아니라 여자들도 그러해요. 왜 그러냐고요? 여자들 역시 성차별적인 사회에서 태어나고 자라면서 여자와 남자에 대하여 각기 다른 잘못된 편견을 '원래 그래.'라고 생각하면서 살아왔기 때문이지요.

그런데 젠더 렌즈만이 있는 것일까요? 그렇지 않아요. '인종 렌즈'도 있답니다. 즉 '여성'만이 아니라 '흑인'과 같이 사회에서 힘을 많이 가지지 못한 인종의 사람들은 어떤 것을 잘할 수 있는 능력이 '선천적으로' 없다고 생각하는 것이에요. 반대로 백인들은 선천적으로 잘할 수 있는 사람이라고 보는 거지요. 한국 사람들은 피부가 하얀 사람들에게는 아주 친절하게 대하면서도, 피부색이 우리보다 짙은 사람들은 한국 사람보다 못났다고 생각하고 마구 대하는 경우들이 있어요. 이런 것은 '인종 렌즈'라고 하지요.

교실에서도 고급스러운 옷을 입고 비싼 운동화를 신은 사람이 어떤 말을 할 때, 그렇지 않은 사람이 말을 할 때보다 더 귀를 기울여요. 이런 것은 '계층 렌즈'라고 할 수 있지요. 또 나미와 재원이가 물었던 것처럼 나이가 많다고, 또는 장애가 있다고 무시하고

열등한 사람 취급하는 경우들이 있어요. 이름을 붙이자면 '나이 렌즈' 그리고 '장애 렌즈'라고 할 수도 있겠지요. 이런 일은 우리가 주변에서 항상 일어나는 일이에요. 우리가 '보는 것'과 '평가하는 것'이 이렇게 떼려야 뗄 수 없이 연결되어 있답니다.

우리 모두는 이렇게 '○○ 렌즈'라 이름 붙일 수 있는, 잘못된 렌즈를 저마다 가지고 있어요. 여성과 남성 또는 트랜스젠더, 종교, 성 정체성, 나이, 장애, 경제적 능력, 피부색 등에 따라 사람을 구분 짓는 잘못된 렌즈들을 고쳐야 하겠어요. 왜냐하면 사람들을 이러한 조건들에 따라 분류하여 하나의 상자 속으로 집어넣고 그 사람의 소중함이나 개성을 무시하는 것이 차별이기 때문이에요.

 남자든 여자든, 가난하든 부유하든, 피부색이나 몸의 생김새가 어떠하든, 종교가 무엇이든 누구든지 자신감을 가지고 자기가 하고 싶은 일을 하면서 살아갈 수 있도록 우리 서로에게 힘을 실어 주어야겠어요.

 수업을 마치고 돌아가는 길, 재원이가 나미를 보며 빙긋 웃었어요.
 "나미야, 선생님 말씀을 듣고 보니 네가 수학과 과학을 잘하는 것이 나는 참 좋아. 너는 사람들이 '여자가 무슨 과학자야?' 하는 소리를 들어도, 네가 과학자가 되고 싶다는 꿈을 놓치지 않고 하고 싶은 것을 계속하잖아."
 나미는 검지와 중지를 올려 재원이에게 브이 자를 장난스럽게 해 보였어요.

"사람들이 젠더 렌즈를 가지고 있어도, 네가 하고 싶은 것을 꿋꿋하게 하니까 말이야."

재원이의 말에 나미가 씩 웃으며 말했어요.

"너는 정말 나의 좋은 친구야, 재원아."

재원이도 나미 말에 어깨를 으쓱였어요.

"내가 축구를 좋아할 때나 과학자가 되고 싶다고 할 때, '여자가 왜 그래?'라면서 젠더 렌즈를 낀 소리를 하지 않아서 나도 재원이 네가 참 좋아. 나를 있는 그대로 보니까 말이야."

재원이와 나미는 떡볶이를 먹고 가기로 했어요. 이렇게 서로를 있는 그대로 받아 주는 친구가 있다는 것은 참 신나는 일이에요.

함께 살펴보아요!

기억하면 좋은 열다섯 가지 용어들

자, 지금까지 책에서 다룬 용어들을 정리해 볼까요? 차근차근 하나씩 살펴보면서 오래오래 기억하면 좋겠어요.

가부장제(patriarchy)

문자 그대로 풀이하면, 가부장제는 '아버지의 지배'라는 뜻이에요. 이제 가부장제는 아버지만이 아니라 '남자들의 지배'라는 의미로 써요. 집, 학교, 직장, 정치, 종교 등 모든 생활 영역에서 남자들이 늘 중심에 있고, 여자들은 주변에 있어요. 그래서 가부장제는 '남성중심주의'를 그 특성으로 해요. 남성중심주의는 남자들을 과대평가하고, 여자들을 과소평가하곤 하지요. 가부장제는 사회와 문화에 따라서 다른 방식으로 나타나요. 여성들이 남성들보다 열등한 위치에서 살고, 아버지를 중심으로 가계가 이어지는 공통점을 가져요. 대부분 아버지 성을 따르는 것도 바로 가부장제의 산물이에요. 가부장제 사회일수록, 여성은 집 안에서, 남성은 집 밖에서 활동하는 것이라고 해요. (93쪽을 참조하세요.)

간성(intersex)

이 세상에는 여자와 남자 두 종류의 사람만 있지 않아요. 한 사람이 남자와 여자의 생식기를 모두 가지고 있거나, 또는 염색체는 남자인데 생식기는 여자라든지, 반대로 염색체는 여자인데 생식기는 남자로 태어나는 사람이 있어요. 그래서 이들을 인정하는 뜻에서 '제3의 성'이라고 할 수 있는 '간성'이라는 말이 생겼어요. 한국은 출생신고서나 주민등록증에 여자 또는 남자만 적게 되어 있고, 법적으로 간성을 인정하지 않아요. 그렇지만 호주·캐나다·덴마크·아일랜드·태국 그리고 미국의 일부 주에서는 법적으로 간성을 인정하고 있고, 독일도 곧 그렇게 한다고 해요. (122~123쪽을 참조하세요.)

마녀 화형/마녀사냥(Witch-burning / Witch-hunt)

마녀 화형은 12~17세기 중세 유럽에서 500여 년 동안 여성 혐오가 빚어낸 사건이에요. 어떤 여자들이 다른 여자들과 조금만 다르거나 또는 동네에 나쁜 일이 일어나도, 마녀로 몰려서 심문을 당하고 화형을 당했어요. 그 당시 20만 명에서부터 900만 명이 죽었다는 주장이 있으니, 정확하게 몇 명이 마녀로 몰려서 죽었는지 알 길이 없어요. 그런데 '마남'이라는 말은 없어요. 여자들을 마녀로 모는 문서를 만들고 잡아서 심문하고 화형 시킨 사람들은 힘이 있는 남자들이었고, 여자들이 남자를 마남으로 몰아서 해를 입힌 경우는 없었어요. 그러니 '마녀'는 있지만 '마남'이라는 단어도 없고 '마남 화형'이라는 역사적 사건도 없어요. (97~98쪽을 참조하세요.)

미투 운동

미투는 영어 'Me Too'를 소리 나는 대로 적은 것이에요. 한국말로는 '나도'라고 번역할 수 있지요. 그런데 미투 운동의 미투에는, '너만 그런 일을 당한 것이 아니라 나도 당했어, 그리고 그런 일을 당한 것은 네 잘못이 전혀 아니야.'라는 뜻도 함께 담겨 있어요. 미투라는 말에 해시 태그(#MeToo)를 달아서 하나의 운동으로 퍼뜨린 사람은 미국에 사는 여성, 타라나 버크(Tarana Burke)예요. 2006년에 시작되었지만, 이 운동이 널리 알려지기 시작한 것은 2017년이에요. '미투(나도 그래 MeToo)'는 '위드유(너와 함께 WithYou)'라는 의미가 같이 담겨 있어야 해요. 미투 운동은 첫째, 사람의 몸은 자기 자신이 주인이라는 것. 둘째, 자신은 몸은 물론 다른 사람의 몸도 절대로 함부로 대해서는 안 되고 소중한 것으로 존중해야 한다는 것. 셋째, 나쁜 일을 겪었을 때, 그 사람이 문제가 아니라 나쁜 일을 한 사람이 문제라는 것. 넷째, 나쁘고 어려운 일을 당한 사람을 혼자 내버려 두지 말고 함께 헤쳐 나가도록 힘을 합해야 한다는 것. 다섯째, 다른 사람 몸에 나쁜 일을 한 사람은 그 잘못을 인정하고 책임져야 한다는 것. 마지막으로 여섯째, 나쁜 일을 당한 사람들이 깜깜한 '피해자의 방'에서 나와 당당하게 이 세상을 바꾸는 사람 즉 '변화의 에이전트(agent)' 역할을 할 수 있다는 것을 우리에게 가르치고 있어요. (70~88쪽을 참조하세요.)

성차별

성차별은 남자와 여자라는 성별에 근거해서 차별하는 것이에요. 성차별은 남성이 여성보다 우월하고 여성은 열등하다는 생각에서 시작돼요. 여자라고 하고 싶은 일을 하지 못하게 하거나, 업신여기는 것은 차별이에요. 여성에 대한 차별은 결국은 남성에 대한 차별로도 이어져요. 성차별은 보이는 차별과 보이지 않는 차별, 그리고 개인적 차별과 제도적·사회적 차별이 있답니다. (48~67쪽을 참조하세요.)

성폭력

다른 사람의 몸에 당사자가 원하지 않는 행위를 하거나 아주 기분 나쁜 말을 하는 사람들이 있어요. 어떤 때는 싫다는 표시를 해도 억지로 힘을 써서 그렇게 하기도 해요. '성희롱'은 누군가의 몸에 그 몸의 주인이 불쾌하게 느끼는 말을 하는 것이에요. '성추행'은 힘을 써서 원하지 않는 행위를 강제로 하는 거고요. 성폭력은 성희롱과 성추행을 포함해서 다른 사람의 몸에 나쁜 일을 하는 모든 것들을 말해요. 이런 일은 어른들만이 아니라, 모두에게도 일어날 수 있어요. (79~80쪽을 참조하세요.)

여성의 권리(women's rights)

여성의 권리 운동은 18세기 서구에서 시작되었어요. 처음에는 참정권과 교육권, 이 두 가지를 요구했지요. '참정권'은 남성들과 마찬가지로 여성들도 투표할 수 있는 권리예요. '교육권'은 여성들도 원하는 학교에 가고, 하고 싶은 공부를 할 수 있는 권리예요. 21세기에 '여성의 권리'라는 말은 어디에서, 누가 쓰는가에 따라서 구체적으로 다른 의미를 가져요. 여성의 권리는 남성과 동등한 권리가 여성에게도 보장되어야 한다는 의미를 가진답니다. (38~46쪽을 참조하세요.)

여성 혐오(미소지니: misogyny)

여성 혐오는 여자에 대한 혐오와 편견 등 부정적인 태도와 이해를 뜻해요. 여자를 노골적으로 무시하고 때리고 따돌리는 것처럼 눈에 보이는 경우도 있지만, 많은 경우 눈에 잘 보이지 않아서 알아차리기 힘들어요. 여성 혐오란 여자는 남자보다 '열등한 사람' 그리고 '위험한 사람'이라는 생각하고 행동하는 거예요. 그런데 여성 혐오는 남자만 하는 것이 아니에요. 여자도 다른 여자를 보면서 '아무튼 여자보다는 남자가 더 믿을 만해.'라고 생각하는데, 이런 것도 여성 혐오라고 할 수 있어요. (90~107쪽을 참조하세요.)

양성평등과 성평등

양성이란 생물학적으로 여자와 남자만을 뜻해요. 그러니까 양성평등이라고 하면, 간성이나 트랜스젠더 같은 사람들을 빼놓게 되요. 양성평등과 달리 성평등은 여성과 남성만이 아니라 간성이나 트랜스젠더와 같이 다양한 사람들의 평등을 이루려고 하는 용어랍니다. 국가의 정책을 담은 문서에서 '양성평등'이라는 말만 쓰면, 생물학적으로 남자나 여자가 아닌 사람들은 배제하는 것이에요. '양성평등'보다 '성평등'이라는 말이 더 포괄적으로 평등의 원을 넓히는 것이지요. (130~135쪽을 참조하세요.)

유리 천장(glass-ceiling)

능력은 있는데 그 사람의 성별이나 인종 등등의 이유 때문에 승진을 하지 못하는 경우들이 있어요. 회사에서 중요한 직책에 있는 사람들을 보면, 위로 올라갈수록 여자들의 모습은 점점 사라져요. 마치 유리로 만든 천장이 있어서 멀리서 볼 때는 없는 것 같았는데, 계속 오르다 보니 어느새 꽉 막혀 있는 것처럼요. 페미니즘에서 사용하는 '유리 천장'은 여자라는 이유로 능력과 상관없이 중요한 자리에 가지 못하는 경우들을 표현하는 말이에요. (52~55쪽을 참조하세요.)

젠더(gender)와 성(sex)

남자와 여자를 구분하는 것은 생물학적으로 '성(sex)'이에요. 사회문화학적으로 각기 다른 특성을 가진 남자와 여자를 구분할 때 나타내는 말이 '젠더(gender)'고요. 젠더는 영어 단어를 소리 나는 대로 쓴 거예요. 암컷, 수컷으로 동물을 구분하는 것처럼, 사람의 생물학적 성(sex)은 여자(female)와 남자(male)예요. 사회문화적 구분인 성별을 의미하는 젠더는, 여성(woman)과 남성(man)으로 불러요. 그런데 젠더에는 여성과 남성만이 아니라 트랜스젠더도 있어요. 그래서 번역하지 않고 소리 나는 대로 '젠더'라고 하지요. 사회와 시대에 따라서 젠더에 대한 기대나 역할이 변해요. (110~127쪽을 참조하세요.)

젠더렌즈(gender lens)

'젠더 렌즈'는 여성과 남성을 바라볼 때 작동되는 편견을 말해요. 그 편견을 담은 젠더 렌즈는 여성들에게는 더 불리하게, 남성들에게는 더 유리하게 작동돼요. 똑같은 일을 해도 남자가 하면 더 잘하는 것 같고, 여자가 하면 뭔가 못한다고 생각해요. 그런데 젠더 렌즈만이 있는 것이 아니에요. '인종 렌즈'도 있어요. 백인이 선천적으로 모든 일을 잘하고 있다고 생각하거나, 한국 사람들이 한국에 있는 이주 노동자들보다 더 능력 있고 잘났다고 생각하는 것이에요. 또한 고급스러운 옷 입고 비싼 운동화를 신은 사람이 어떤 말을 할 때, 그렇지 않은 사람이 말을 할 때보다 더 귀를 기울여요. 이런 것은 '계층 렌즈'라고 할 수 있어요. (152~163쪽을 참조하세요.)

트랜스젠더(transgender)

'간성'이 생물학적 성에 관한 것이라면, '트랜스젠더'는 사회적 성별에 관한 거예요. 트랜스젠더는 태어날 때 정해진 성별 정체성과 자기가 편하게 여기는 성별이 다른 사람을 말해요. 예를 들면, 출생신고는 남성으로 했지만 그 성별로 사는 게 너무나 맞지 않고 힘들어서, 자신에게 맞다고 생각하는 성별로 바꾸는 거예요. 약물 치료와 수술을 거치기도 하고, 아무런 치료를 받지 않고 바꾸기도 해요. 태어날 때 지정된 성별을 바꾸지 않고 사는 사람들을 '시스젠더(cisgender)'라고 불러요. 예를 들어 '시스젠더 여성'이라고 하면 태어날 때도 여성이었다는 것이에요. 반면, '트랜스젠더 여성'이라고 하면, 태어날 때 성별은 남성이었지만 여성으로 전환하여 여성이 되었다는 뜻이에요. (122~127쪽을 참조하세요.)

페미니스트(feminist)

페미니스트는 여성을 차별하는 것은 나쁜 것이고, 모두 평등해야 한다고 믿고 행동하는 사람이에요. 성차별이 나쁘다는 것을 아는 사람들은, 다른 차별도 나쁘니 고쳐야 한다고 생각하게 되지요. 이렇게 남성과 여성은 물론 모든 사람이 평등하다고 생각하고, 그 평등을 이루어야 한다고 생각하고 행동하는 사람을 '페미니스트'라고 불러요. 여자라고 해서 자동적으로 페미니스트가 되는 것도 아니고, 남자라고 해서 페미니스트가 될 수 없는 것도 아니에요. 남자든 여자든 상관없이 차별이 나쁘고 모두가 평등한 세상이 되어야 한다고 믿는 사람은 페미니스트라고 할 수 있어요. (28~35쪽을 참조하세요.)

페미니즘(feminism)

페미니즘은 영어 단어를 소리 나는 그대로 적은 말이에요. 간단하게 말하자면 '여자도 인간이다. 따라서 여자와 남자는 모든 면에서 평등하다.'는 주장이에요. 페미니즘은 처음에는 여자와 남자의 차별과 평등 문제에서 출발했어요. 그러나 지금은 남자와 여자만이 아니라 장애, 피부색, 성적 지향 등에 상관없이 '모든' 사람들이 평등한 세상을 만들자고 하는 이론이고 운동이에요. 페미니즘에는 한 가지 입장만이 아니라, 각기 다른 여러 입장의 페미니즘이 있어요. 그러니까 '페미니즘'은 단수가 아니라, '페미니즘들(feminisms)'이라고 복수로 이해하면 돼요. (16~26쪽을 참조하세요.)

아이와 어른이 함께 읽고, 편하게 이야기 나누어 봐요.
"너의 생각은 어떠니?"

페미니즘을 배우는 것이 왜 중요하냐고요? 페미니즘은 여자와 남자뿐 아니라 모든 사람이 평등하고 행복하게 살 수 있는 세상을 만들어 나가는 것이에요. 우리 함께 지금보다 더 멋진 세상을 이뤄 가면 어떨까요?

••• 이 소책자는 강남순 선생님의 페미니즘 이야기 『안녕, 내 이름은 페미니즘이야』에서 다룬 내용을 바탕으로 만든 워크북입니다. 책에 실린 내용을 참고삼아 '어린이와 어른이 함께하는 활동 자료'로 꾸몄습니다.

••• 총 네 개의 테마에서 소개하는 활동 자료를 찬찬히 살펴보면서, 어린이 스스로 생각하고 판단할 수 있도록 지도해 주세요. 혼자 읽어도 좋지만, 친구들과 함께 읽고 생각을 나누어도 좋습니다. 그 과정에서 어떤 판단이 맞는 것인지 머릿속이 복잡해질 수 있습니다. 이는 무척 자연스러운 것임을 알려 주세요. 스스로 고민하고 궁리해 보면서, 아이들이 건강하고 튼튼한 생각의 힘을 기를 수 있다면 좋겠습니다.

••• 워크북의 활동 자료 순서를 반드시 따르지 않아도 됩니다. 흥미롭다고 여겨지는 챕터를 먼저 택하여 읽어도 되고, 뒤에서부터 읽어도 됩니다. 각자의 상황과 선택에 따라 자유롭게 워크북을 펼쳐 보세요.

함께 풀어 보는 페미니즘 퀴즈

『안녕, 내 이름은 페미니즘이야』에서 배운 내용을 되새기며 다음 퀴즈에 답해 보아요.
맞는 쪽에 동그라미를 치거나 괄호 안에 자신의 생각을 적으면 돼요.

1. 페미니즘은 여자만 위한 것이다?　yes / no

2. 누구나 페미니스트가 될 수 있다?　yes / no

3. 현재 사우디아라비아에서는 여성이 운전을 할 수 없다?　yes / no

4. 여자와 남자가 하는 일이 각각 달라야 한다?　yes / no

5. 오래전에는 왜 여자와 노예 들에게 투표권을 주지 않았던 걸까?
　(　　　　　　　　　　)

6. 다음 중 차별적 시선이 담긴 단어가 아닌 것은?
　① 폴리스맨(policeman)　② 여기자
　③ 체어맨(chairman)　④ 체어퍼슨(chairperson)

7. 누군가 내게 아주 기분 나쁜 말을 하거나, 내 몸에 원하지 않는 행위를 한다면 어떻게 해야 할까?
　① 일단 꾹 참는다.　② 싫어(요)! 안 돼(요)! 큰 소리로 말한다.

8. 세상에는 여자와 남자, 두 종류의 사람만 있다?　yes / no

9. 똑같은 일도 남자가 하면 더 잘한 것으로 보이고, 여자가 하면 더 못하다고 생각하는 것을 한마디로 설명하는 용어는 무엇일까?
　① 콘택트렌즈　② 하드 렌즈　③ 젠더 렌즈　④ 드림 렌즈

10. 젠더 렌즈는 (　　)과 (　　)에 대한 이야기를 의미한다. 괄호에 알맞은 단어를 넣어 보자.

첫 번째 테마: 페미니즘은 무엇이고, 페미니스트는 누구예요?

페미니즘(feminism)은 여자와 남자가 어떻게 하면 평등할 수 있을까 하는 문제에서 출발해요. 그리고 남자와 여자 문제만이 아니라 여러 가지 문제와 연결되어 있어요. 남자든 여자든 상관없이 차별이 나쁘고 모두가 평등한 세상이 되어야 한다고 믿는 사람은 누구나 페미니스트가 될 수 있어요.

 함께 생각해요

1. 다음의 낱말 가운데 페미니즘과 사이좋게 어울리는 단어를 찾아 동그라미 쳐 보세요.

가부장제	여류 작가	위드유 (#withyou)	젠더	쩍벌남
여성운전금지	미투 (#metoo)	성차별	"여자아이는 얌전해야지."	간성
"여자는 집에서 밥이나 해."	여의사	마초	성평등	여성의 권리
페미니스트	양성평등	"남자는 강해."	남성 우월주의	처녀작

- 동그라미 친 단어들: _____
- 동그라미 치지 않은 단어들: _____

- 왜 동그라미를 쳤는지(혹은 치지 않았는지), 그 이유를 나누어 보아요.

2. 페미니스트를 만난 적이 있나요?

● 여자와 남자가 평등하게 살아가는 세상을 만들고, 모든 사람이 차별 없이 살 수 있도록 노력하는 사람이 페미니스트이지요. 내 주변에, 페미니스트가 있을까요? 나 자신은 어떠한가요? 페미니스트를 만난 적이 있는지, 나는 페미니스트로 살아가고 있는지, 함께 이야기해 보아요.

"모든 사람은 평등해"

두 번째 레마: 여자와 남자는 달라야 하나요?

남자와 여자는 몸이 다르게 생겼으니 행동이나 좋아하는 것이 달라야 한다고 생각하는 사람이 많아요. 남자라서 못하게 하고, 여자라서 못하게 하는 것은 성차별이에요. 여자와 남자가 하는 일이 고정되어서는 안 된다는 것을 잊지 않도록 해요.

 함께 생각해요

1. 여자와 남자에게 일상적으로 건네는 성차별 표현을 찾아보아요.

여자	남자
예시) 여자아이 선물은 무조건 핑크죠. 짧은 머리는 꼭 남자 같아. 집에서 애나 돌봐.	예시) 넌 남자애가 왜 이렇게 겁이 많니? 여자애처럼 굴지 마. 남자가, 그 정도 힘도 없어요?

2. 앞에서 찾아본 말 대신, 성별 차이와 개인의 취향을 인정하고 존중할 수 있는 말을 생각해 보아요.

여자	남자
예시) 아이가 좋아하는 색깔의 옷을 골라 주자. 짧은 머리, 시원해 보이고 좋은걸. 바지든 치마든 입고 싶은 대로 입어.	**예시)** 누구나 울고 싶을 땐 울어도 괜찮아. 남자라고 울음을 참으라는 법은 없어. 집안 살림은 손길을 나누면 더 좋지.

3. 내가 직접 들었던 성차별 표현이 있나요? 또는 내가 누구에게 건넸던 성차별 표현이 있나요? 언제, 어디서, 어떻게 말하고 행동했는지 기록한 뒤 반복하지 않을 수 있는 방법을 생각해 봐요.

- 언제?

- 어디서?

- 어떤 말을 들었나? (혹은 어떤 말을 했나?)

4. 성차별 표현을 일삼는 사람에게 "아니요, 그건 옳지 않아요."라고 말했는데 상대방은 전혀 꿈쩍 않을 때도 있어요. 책에서 배운 내용을 바탕으로, 성차별적인 태도가 왜 옳지 않은지 나의 의견을 분명하고 설득력 있게 전하는 근거를 이야기해 보아요.

세 번째 테마: 세상에는 여자와 남자, 두 종류만 있지 않아요!

우리는 '여자와 남자'라고 말하기도 하고 '여성과 남성'이라고 말하기도 해요. 갓 태어난 아기를 보고 "여자아이에요." 혹은 "남자아이에요."라고 말하지요? 이것이 바로 생물학적 분류, 성별(sex)이에요. 한편 여성, 남성은 사회학적 분류로 쓰는 표현이에요. 이를 젠더(gender)라고 하지요. 자, 우리가 흔히 생각하는 남성과 여성이라는 젠더의 범위를 조금 넓혀서 이야기해 보아요.

 함께 생각해요

1. 왼쪽의 설명글을 읽고, 오른쪽의 단어 중 짝이 맞는 것을 골라 보세요.

태어날 때 주어진 성과 성 정체성이 일치하는 사람	● 여자
태어날 때 주어진 성과 성 정체성이 일치하지 않는 사람	● 트랜스젠더
남자와 여자의 생식기를 모두 가지고 있거나, 또는 염색체는 남자인데 생식기는 여자이거나, 반대로 염색체는 여자인데 생식기는 남자로 태어나는 사람	● 남자
성염색체의 조합이 엑스, 와이(XY) 염색체로 되어 있는 상태	● 시스젠더
성염색체의 조합이 엑스, 엑스(XX) 염색체로 되어 있는 상태	● 간성

2. 활동 놀이: 화장실을 만들자!

● 흔히 우리가 볼 수 있는 화장실은 여자 화장실, 남자 화장실 두 개입니다. 그리고 장애인 화장실이 옆에 달려 있지요.
나라에 법률이 바뀐다는 상상을 하고, 앞으로는 화장실을 무조건 세 개 이상 만들어야 한다고 칩시다. 여자, 남자로 구분하든 어린이, 어른으로 구분하든 만드는 사람의 마음에 따릅니다. 그렇다면 여러분은 어떤 화장실을 만들고 싶나요? 자신의 생각대로, 자유롭게 각각의 화장실문에 이름을 달아 주세요.

네 번째 테마: 여성의 권리 운동

'여성의 권리'는 남성과 동등한 권리가 여성에게도 보장되어야 한다는 의미를 가진답니다. '여자와 남자가 똑같이 평등한 사람'이라고 생각하고 말하는 것은 지금도 여전히 부족함이 많지요. 이 정도가 되기까지도 무척 힘겨운 시간이 있었답니다.

 함께 생각해요

1. 가상의 편지 보내기

● 책에서 '올랭프 드 구주(Olympe de Gouges)'에 대해 알아보았지요? '남자와 여자는 평등하다.'는 생각을 하고 글로 써서 다른 사람과 나눈 것 때문에 단두대에 처형까지 당한 사람이에요. 드 구주가 세상을 떠나고 151년 만인 1944년, 프랑스에서 여성이 남성과 똑같이 투표권을 얻게 되었어요. 드 구주는 여성과 남성의 평등을 외쳤고 그 최초의 외침이 변화를 가져왔어요. 드 구주에게 고마움을 전하는 의미로 가상의 짧은 편지를 써 볼까요?

2. 용기 있고, 용감한 여성을 찾아보자!

● 여성의 권리를 위해 노력한 사람은 하나둘 점점 더 늘어 갔어요. 여성의 권리를 찾기 위해 연대하고 투쟁했던 에멀린 팽크허스트, 최연소 노벨평화상 수상자인 말랄라 유사프자이, 나치의 만행을 알리다가 목숨을 잃은 조피 숄, 여성에게 허락되지 않은 것들을 이뤄 낸 왕가리 마타이 등 뜨거운 열정과 노력으로 더 나은 세상을 향한 변화를 이끈 이들입니다.
더 많은 인물을 찾아보고 싶나요? 이미 많이 알고 있다고요?
내가 알고 있는 용감하고 용기 있는 여성들을 소개해 보아요! 실제 인물이어도 좋고, 읽은 책이나 만화영화 속 주인공이어도 좋고, 나랑 친한 친구 혹은 가족 중 누군가여도 괜찮습니다. 용기 있고 용감한 그들은 누구이고, 어떤 일을 했는지, 함께 이야기해 봅시다.

● 누구인가?

● 어떤 일을 했는가?

3. 여성의 권리를 표현하는 말은 어디 있을까?

● 아래 표에서 여성의 권리를 위한 노력이 담긴 단어를 찾아보고, 찾은 단어에 대해 함께 이야기해요.

마	녀	사	냥					
				교	육	권		
참	정	권						
						단	두	대
여	성	권	리	선	언			
				세	니	커	폴	스
보	부	아	르				꼰	대
				미	투	운	동	
	남	성	우	월	주	의		
					가	부	장	제
		올	랭	프	드	구	주	

● 찾은 단어들: _____

퀴즈 답

1. no **2.** yes **3.** no **4.** no
5. 남성이 여자와 노예보다 우월하다고 생각해 왔기 때문에
6. ④ **7.** ② **8.** no **9.** ③ **10.** 편견, 차별

세 번째 테마 1번 질문의 답:
- 태어날 때 주어진 성과 성 정체성이 일치하는 사람: 시스젠더
- 태어날 때 주어진 성과 성 정체성이 일치하지 않는 사람: 트랜스젠더
- 남자와 여자의 생식기를 모두 가지고 있거나, 또는 염색체는 남자인데 생식기는 여자이거나, 반대로 염색체는 여자인데 생식기는 남자로 태어나는 사람: 간성
- 성염색체의 조합이 엑스, 와이(XY) 염색체로 되어 있는 상태: 남자
- 성염색체의 조합이 엑스, 엑스(XX) 염색체로 되어 있는 상태: 여자

네 번째 테마 3번 질문의 답:
- 단어: 교육권, 참정권, 여성 권리 선언, 보부아르, 미투 운동, 세니커폴스, 올랭프 드 구주